a Chanson d'un Gas qu'a mal tourné

par

Gaston Couté

LA CHANSON
D'UN
GAS QU'A MAL TOURNÉ

LA CHANSON
D'UN
GAS QU'A MAL TOURNÉ

Poèmes et Chansons

de **GASTON COUTÉ**

Réunis pour la première fois en volume

Préface par HENRI BACHELIN

EUGÈNE REY
Libraire - Éditeur
11 bis, RUE DROUOT
PARIS
[1928]

Il a été tiré :

Cent cinquante exemplaires sur papier d'Auvergne
à la forme, numérotés 1 à 150.

Deux mille exemplaires sur vélin mat,
numérotés 1 à 2 000.

N°

Autorisation de Ondet, Pion succ r

Préface

Gaston Couté

(1880-1911)

Le 21 avril 1851, dans son feuilleton hebdomadaire du Constitutionnel, *Sainte-Beuve parla d'Hégésippe Moreau et de Pierre Dupont. A propos de celui-ci il écrivait : " Ces sortes de chants sont, à proprement parler, le pendant et l'accompagnement du genre d'épopée rustique et d'idylle que Mme George Sand, au même moment, mettait à la mode par* le Champi, la Mare au Diable *et* la Petite Fadette. *Mme Sand raconte, décrit et peint ; elle fait le drame. Pierre Dupont mène le chœur et remplit les intermèdes par ses chansons. " Puis, dissertant du socialisme qui, même avant février 1848, plus d'une fois inspira Dupont : " Organisation ouverte et mobile, il a réfléchi les échos d'alentour et y a prêté sa voix. Il a ouvert toutes ses voiles au vent populaire qui le prenait en poupe... Dans son recueil d'aujourd'hui il y a une espèce de chant prophétique, intitulé* 1852, *où résonnent bien des promesses magnifiques et creuses. " Enfin Sainte-Beuve dit que Pierre Dupont aime sincèrement la nature, les champs. " Venez-vous voir les blés à Vaugirard ? " disait-il un jour à un de ses amis de Paris.*

Oh ! sans doute, voilà trois quarts de siècle, pouvait-on voir à Vaugirard bleuets et coquelicots insérer leur naïve poésie parmi la prose des épis ; on peut estimer pourtant que ces blés, même à cette date, sentaient la banlieue. Les " promesses magnifiques et creuses " d'un jour où l'humanité s'abreuvera à un immense tonneau d'ambroisie, renvoyons-en la réalisation aux calendes russes. Quant aux " épopées rustiques ", aux " idylles " à la George Sand, il faut bien les admettre : parmi les paysans, qui les ignorent, elles n'ont pas créé une nouvelle façon d'être ; elles en ont instauré une, de les concevoir, chez trop de gens qui, aujourd'hui encore, n'admettent pas de description des mœurs rurales qui ne soit teintée de virgilianisme, en tout cas de sandisme.

S'il n'avait été que chansonnier, je n'estimerais pas qu'il y ait lieu de se préoccuper beaucoup de Gaston Couté. Non pas que la chanson soit a priori *méprisable. Chateaubriand écrivait de son ami Béranger : " Notre chansonnier a les diverses qualités que Voltaire exige pour la chanson : pour bien réussir à ces petits ouvrages, il faut de l'esprit, de la finesse et du sentiment, avoir de l'harmonie dans la tête, ne point trop s'abaisser et savoir n'être pas trop long.* " *Jean-Jacques Rousseau la définit : " Espèce de petit poème lyrique fort court qui roule ordinairement sur des sujets agréables, auquel on ajoute un air pour être chanté dans des occasions familières, comme à table, avec ses amis, avec sa maîtresse, et même seul, pour éloigner quelques instants l'ennui, si l'on est riche, et pour supporter plus doucement la misère et le travail, si l'on est pauvre.* " *Qu'un Ronsard, un Malherbe, un Hugo, pénètrent dans le domaine de la chanson : immédiatement, elle apparaît autre. De ce nouvel aspect elle conserve quelque chose avec un Pierre Dupont. Mais, du double fait du fond et de la forme, elle est condamnée à ne pas sortir d'un cercle de redites qu'à défaut de génie le vrai talent peut seul renouveler. Ce ne fut point le cas de Gaston Couté, lorsqu'il n'écrivait pas en patois.*

Du patois beauceron il a tiré les mêmes effets que Bruant, à sa manière, et Rictus, à la sienne, de l'argot parisien. Il n'était pas fait pour le français. Peu m'importe qu'on ait écrit de lui : " Telles de ses chansons sont, par la beauté de la forme et de la pensée, des chefs-d'œuvre durables. Car cet écrivain, qui maniait avec tant de sûreté le patois campagnard et l'argot des ateliers, écrivait à l'occasion dans une langue riche et impeccable. " *Affirmation gratuite où la critique littéraire n'a rien à voir, si l'amitié s'y réserve ses droits. L'instrument de Couté, et le seul, c'était le patois de son pays natal. L'argot des ateliers, il en usa assez peu. Quant à son français, il fourmille de lieux communs et de fautes. Lui qui est, en patois, d'une originalité si aiguë, écoutez-le qui parle* " *baisers brûlants* ", " *extases saintes* ", " *folles étreintes* ", " *splendeur des soleils couchants* ". *Et voici pour les fautes : il dit à sa maîtresse qu'il a cru la voir*

Traînant par la vie, élégante et fière,
Sous les yeux charmés du monde et de moi.

Il écrit : " *On pouvait se causer bas* ", *dans une série d'octosyllabes :* " *Cette tête à grimace hideuse* ", *ignorant peut-être que l'*h *implique ici neuf syllabes. Je ne vois pas une seule des chansons qu'il ait écrites en français qui mérite d'être conservée. En revanche, de ce qu'il écrivit en patois, presque tout me semble digne d'être pris en considération, et plusieurs de ses plus longs poèmes — car il ne s'agit plus de chansons, — sonnent avec un accent et une force qu'on ne peut oublier.*

Il naît le 23 septembre 1880 à Beaugency, où son père est meunier. Il ne manifeste aucune vocation pour cet état, et il est peu assidu à l'école primaire. Sa famille voudrait le voir entrer dans l'administration des Finances. Le moment venu, il lâche tout, affirmant avoir trouvé une place à Paris. Il part le 31 octobre 1898 avec cent francs en poche, et qui en sortirent vite. Il trouve un débouché précaire à l'Ane Rouge, *avenue Trudaine, où son salaire consiste en un café-crème. Quelle crème ! Il connaît les jours sans pain, les nuits sans gîte. L'année suivante le voit aux* Funambules *où Georges Oble le fait engager à 3 fr. 50 le cachet ; la somme est élevée à 5 francs sous le consulat de Jules Mévisto. Couté chante aussi, ou récite, au* Carillon, *à* l'Alouette, *au Quartier Latin aux* Noctambules *et au* Grillon. *Il fréquente à Belleville où les ouvriers lui font fête. Jusqu'à la fin il vivra cette vie, coupée par des errances dans différentes provinces, le bâton du voyageur au poing parce qu'il ne peut, la plupart du temps, payer sa place dans les trains, par un séjour annuel dans sa famille qui, si je ne me trompe, a quitté Beaugency pour Meung ; là, il aide à mettre du blé en sac, en garçon qui de bonne heure a pris l'habitude de ce travail. On signale chez lui une volonté d'ascétisme, une indifférence au bien-être, qui ont pu contribuer à hâter sa mort. M. Dauray dit encore : " L'entraînement fatal vers la fée verte, le manque de repos, l'intensité mortelle de la vie militante dans les milieux sans hygiène, eurent raison peu à peu de la puissance atavique de son tempérament.* " *On signale que, lorsqu'il était à Meung,* " *Couté n'éprouvait nulle nostalgie pour les cabarets dits artistiques où son cœur de vrai poète était souvent meurtri par la médiocrité et, surtout, l'insincérité des gens qu'il devait coudoyer.* " *M. Lucas lui dit :* " *Trop fier pour demander tes moyens d'existence à ta famille, tu as voulu vivre de ton talent, qui était immense. Des imbéciles ne l'ont pas permis, et vraiment tu n'as connu la sécurité, le pain assuré, que depuis ton entrée à* la Guerre sociale. " *Il y donnait* la Chanson de la Semaine *sur des sujets d'actualité. Dans le numéro du 28 juin au 4 juillet 1911, on pouvait lire :* " *Nos lecteurs ne trouveront pas, cette semaine, de chanson de Gaston Couté. Notre collaborateur et ami, gravement malade, vient d'entrer à l'hôpital Lariboisière*", *et, dans le numéro suivant, du 5 au 11 juillet :* " *Quelques heures à peine après que nous annoncions sa maladie nous parvenait la brutale, l'atroce nouvelle : Gaston Couté n'était plus.* " *Il fut enterré le vendredi 7 juillet. Sans doute mourut-il dans la nuit du 4 au 5.*

Il laissait son œuvre éparse : chansons imprimées avec la musique, poèmes imprimés, la plupart faisant partie de la Chanson d'un gâs qu'a mal tourné. *Pas d'inédits, du moins à ce que peut savoir son éditeur.*

A-t-il si mal tourné, ce " gâs " qui a quitté la Beauce et ses auberges à rouliers pour Paris et ses cabarets à chansons? Mettant son inspiration en coupe réglée, asservissant sa vie à une stricte discipline, serait-il devenu " le gâs qu'a bien tourné ", capable d'acheter, lui aussi, un château en Orléanais après en avoir bâti d'autres en Espagne? Eût-il mieux fait de ne pas quitter Meung? Interrogations superflues. La vie de Couté ne pouvait être différente. De toute évidence il lui répugnait de s'atteler à une besogne régulière ; dans ce sens il ne vint à Paris que pour ajouter une unité à l'armée des réfractaires. Il est mort trop jeune, certes, pour qu'on puisse affirmer qu'il se soit réalisé vraiment, mais la mesure n'est pas médiocre que, sur un certain plan, il a donnée de lui-même. De cette autre possibilité encore nous n'avons pas à tenir compte. Nous avons ce qu'il a laissé : il ne s'agit que de cela.

J'ignore ce que sont aujourd'hui les cabarets artistiques de Montmartre et d'ailleurs. J'ai peu fréquenté, voilà un quart de siècle, dans ceux dont les noms sont devenus presque célèbres : je les ai assez vus pour n'ignorer pas grand'chose de leur atmosphère essentielle. Dirai-je, comme ferait M. Prudhomme, qu'à distance elle m'apparaît " éminemment suggestive " ? J'ajoute volontiers que tout n'est affaire que de recul en matière d'impressions personnelles plus que de réalisations littéraires valables. Il est fort possible qu'un jeune homme, né avec le XXe *siècle, se rappelle plus tard avec émotion telles chansons qu'il aura entendues lorsqu'il s'épilait la face encombrée d'énormes lunettes ; lorsqu'il aura un peu vieilli, il les enverra rejoindre les vieilles... lunes où ses aînés ont déjà remisé cravate noire à triple tour et feutre à bords plats.*

Lorsque Couté débarqua à Paris, la parole n'était pas qu'aux cabarets artistiques, mais on les entendait dans l'ample discours que ne cesse de prononcer la ville aux voix multiples. Ils disaient moins le bon vin que l'amour, du madrigal à l'invective naturaliste. Il y avait la Dame des Songes, un lys à la main, issue de Botticelli, et la fille aux cheveux pommadés qu'une rose rouge fait plus noirs. La coiffe sombre de l'Alsace s'effaçait devant le blanc bonnet de la Bretagne. L'amour cédait-il la place à la légende ? A des yeux ébahis le théâtre d'ombres montrait de pittoresques caravanes parmi des paysages lunaires où ne manquait que Pierrot dansant. La vie cédait-elle la place à la mort ? C'étaient les cabarets macabres où l'on s'offrait pour quelques décimes d'horreur. Où elle revendiquait tous ses droits, c'était en faveur du " pauvre populo ", qui jamais ne s'était autant vu à l'ordre du jour, c'est-à-dire de la nuit. Il y avait deux races d'hommes : les noirs et les blancs ; les noirs, c'étaient les riches, nantis de tous les vices et chargés de tous les crimes ; les blancs, c'étaient les pauvres au cœur pur. Pour sommaire qu'elle soit, je n'oserais affirmer que cette philosophie pratique ait cessé d'être vivace : elle est si séduisante dans son élémentaire simplicité ! Encore faut-il dire qu'il est infiniment moins répugnant d'entendre un pauvre — s'il en reste, — la professer, qu'un énergumène pourvu de millions dénoncer les méfaits de la " classe possédante " dont il ne se sépare ni par les excès, ni par les vices, ni par le mensonge.

On s'imaginerait mal un Couté prenant contact avec Paris en l'automne de 1898 avec un viatique de cent francs et n'ayant de débouchés que dans un cabaret où il gagne un café-crème par nuit, on se l'imaginerait mal prenant parti pour les noirs, c'est-à-dire pour les riches. Il pourrait, évidemment, se réfugier dans le rêve, chanter, lui aussi, la Dame des Songes et l'Ile d'Amour ; son génie naturel s'y refuse, renforcé par celui de sa race. On a parlé du " rire âpre des guépins de l'Orléanais ", propres surtout à la satire, témoin Jean de Meung, Mathurin Régnier, Bruant. Et qu'a fait Péguy, cet autre Orléanais pourvu d'une culture très supérieure à celle de Couté, sinon de rompre quantité de lances contre les moulins à vent qu'étaient, selon lui, la plupart de ses contemporains? Ce n'est qu'une approximation, puisque, d'abord, du penchant à la satire l'Orléanais n'a pas le monopole, ensuite, qu'on ne saurait trouver d'autre trait de ressemblance entre un Péguy et un Couté.

Satiriste, à qui celui-ci pouvait-il s'en prendre? A quoi, plutôt? Aux excès, aux contradictions qui frappent les yeux de quiconque les ouvre : inégale répartition des richesses, misère et luxe, égoïsme des possédants, leur état d'esprit qui les fait recommander aux pauvres une morale dont eux-mêmes se soucient comme de la cendre de leur premier cigare. Ce n'est pas en faisant sonner cette corde que Couté a trouvé des vibrations nouvelles, si toutes ne sont pas absolument indifférentes. Et notons, à l'actif de son bon sens, que, dans ce qui mérite de rester de lui, on ne trouve à peu près pas de ces " promesses magnifiques et creuses " que Sainte-Beuve signale chez Dupont. Notons aussi que Dupont écrit en 1849 son Chant du vote *où il acclame le suffrage universel, et que Couté, soixante ans après, sans le moindre résultat au surplus, dénonce l'inconscience ou l'ignorance de la majorité des électeurs, majorité qui se recrute aussi dans la minorité.*

En revanche, je cherche inutilement où, avant que Couté ne l'ait pincée, j'aurais pu entendre sonner une corde si bellement rurale. Je ne dis pas : rustique ; par je ne sais quels rappels combinés de visions personnelles et de lectures, ce mot crée une atmosphère faussement poétique, où ne peut s'épanouir qu'une fade littérature régionaliste. Mais rural ! Quelle sonorité ! Immédiatement je vois une mare aux eaux noires et vertes, des pâtures d'herbe rase, des champs où la bise siffle dans les flûtes de Pan des éteules, des oies qui cacardent en oscillant sur leurs pattes, des canards qui canquètent en tendant le cou vers leurs frères sauvages dont le triangle fend le ciel engrisaillé. Rural ! Et je sens le fumier dans les cours, des odeurs de suint animal et de sueur humaine. Je... Ah ! parfaitement ! Ce ne sont pas choses à dire dans un salon. Hé ! que me font les salons ? Elles sont à proclamer en tête de l'œuvre fragmentaire d'un Gaston Couté.

Il y a des coquilles qu'il faudrait inventer. Feuilletant le n° 1069 bis des Annales politiques et littéraires, *j'y ai lu : " Un paysan est un état d'âme. " On sait ce qu'avait dit Amiel. Mais la magnifique coquille! Paysan ou archiduc, pas un héros d'œuvre d'art littéraire qui ne soit infiniment plus représentatif de l'écrivain que de lui-même. Des critiques, et d'autres, qui réfléchissent un quart d'heure par mois aux problèmes esthétiques, croient, dur comme leur cerveau, qu'il y a une littérature réaliste, et une, idéaliste. Les paysans de Balzac ne sont pas plus vrais — quant à leur vie même, — que ceux de George Sand, et ceux de George Sand ne le sont pas moins — quant à leurs sentiments essentiels, — que ceux de Balzac. Autrement dit, c'est Flaubert qui a eu raison de proférer cette vérité première : " Madame Bovary, c'est moi. "*

Couté n'est pas romancier : il est poète lyrique, ce qu'il n'aurait pas été s'il n'avait écrit que des chansons en français. Mais ce poète lyrique garde le penchant à la satire et à l'invective qu'il tient de sa race tant particulièrement beauceronne que généralement besogneuse et accablée, et son instrument grince. Il grince, non pas qu'il soit mal touché ; il l'est de main de maître, maître précoce et précocement mort. Ce grincement, je ne l'ai jusqu'aujourd'hui entendu que chez lui. Dois-je dire que je n'affiche pas la prétention d'avoir ouï tous les bruits, ni tous les sons, ni tous les accords littéraires?

Grincement qui me fait penser à celui d'une vielle qui nasillerait sous un ciel gris et gronderait à l'occasion. Couté s'apparente à Balzac, auteur des Paysans, *à Zola, auteur de* la Terre. *Ne lui demandons point ce qu'il ne lui appartient pas de posséder. Ne faisons état que des richesses qui lui sont propres. Elles se résument d'un mot : l'accent. Mais ce mot appelle des commentaires : on s'y attendait sans doute.*

Pierre Dupont allait voir les blés à Vaugirard. Couté est né au milieu d'eux, et même de leur farine. Dupont avait fait ses humanités; Couté, pas. Qu'on ne s'attende point qu'avec mépris je le traite de primaire. Il n'y a que les snobs — dont la foule est innombrable, — à ne pouvoir parler d'autrui sans accoler à son nom cette épithète, ou cette définition, qu'ils jugent décisive et infamante. Tel primaire a de l'originalité et du talent, tel lauréat de l'enseignement supérieur n'est qu'une larve ; et cela peut se retourner, mais la première proposition reste foncièrement valable.

Simple élève, et qui fut peu studieux, d'école communale, Couté est venu à Paris comme tant d'autres. Il y apportait la fleur de la farine du moulin paternel et du blé de ses ancêtres anonymes. Il avait sans doute très peu lu. S'il lisait, j'ignore à quels livres allaient ses préférences : il me suffit du livre qu'il a laissé. Ecrit en français, les angles durs en eussent été émoussés, et la vielle chanterait comme un accordéon. Elle reste vielle. Ce n'est pas elle qu'on entend chez Balzac plus que chez Zola, qui ne se sont arrêtés parmi les ruraux qu'en passant. Couté, lui, n'a pas besoin de s'y arrêter ; même à Paris, il vit de leur vie même. Il l'y a apportée avec lui, et il ne s'en est défait que contraint par la mort.

Je dis Balzac et Zola. Je pourrais ajouter des noms d'écrivains, régionalistes ou autres, qui plus ou moins se sont spécialisés dans la description des mœurs rurales... Non ! rustiques. Couté ne décrit pas : il chante. Poète lyrique, il n'a pas à construire le milieu ; il le suggère. C'est là qu'il me faudrait le comparer à d'autres qui, dans les cabarets, l'auraient précédé ou coudoyé ; du double fait, soit de mon ignorance en cette matière, soit de l'absence probable d'éléments de comparaison, je ne puis parler que de lui.

Ses thèmes sont simples comme la vie. Le drame ne fait qu'y affleurer. Lui, d'abord, et son histoire est celle de plus d'un. Rancœurs du fils d'un meunier qui voudrait vivre libre sans pâtir de la faim ; la vie " honnête ", étayée du mariage, lui sourirait, mais il se refuse à patauger dans la bassesse ou dans la crapulerie. Les autres, ensuite, et eux surtout, ceux qu'il a laissés là-bas : les filles pauvres qui fautent, viennent à Paris et rentrent au pays où elles sont respectées, celle qui part comme servante et réapparaît baronne, et celle qui fait argent d'elle-même le jour du marché, les gars dont la virilité contenue s'exaspère et qui s'en vont à Orléans dans les rues chaudes, ceux qui s'en vont à Paris parce qu'au pays le travail est trop dur, le fermier qui s'éprend de la belle Julie, la noce où l'on fait ripaille, le chemin qui se rétrécit tant les propriétaires riverains tiennent à agrandir leurs terres, l'anticlérical farouche, patriotard, cocu, et membre de plusieurs sociétés savantes, le poète local officier d'Académie, les électeurs inconscients ; et les mœurs de la petite ville se mêlent ici aux mœurs de la campagne. Des antithèses élémentaires, mais que l'accent renouvelle : fumier des campagnes et fumier de Paris, Christ d'autrefois et Christ d'aujourd'hui, école opposée à la nature.

La partie la plus périssable de ce recueil serait représentée par les pièces où le " chemineux " fait figure de héros impeccable et vertueux si elles ne figuraient ici comme représentatives d'une époque où vagabonds et chemineaux faisaient fureur au cabaret comme au théâtre. Ce qu'ils en savaient, de vérités premières ! Ce qu'ils en débitaient, de tirades sur la poésie de la nature aussi bien que sur la prose des grandes villes ! Même avec eux, Couté ne perd pas tout à fait l'accent. Laissons celui qui, à tout prix, — c'est-à-dire pour rien, — veut une fille, qui dit leur fait aux riches, qui réclame sa part de vin, que repoussent cabaretier, boulanger, femme et curé. Ecoutons celui qui trouve lourde la solitude du dimanche, et cet autre, chemineux ou roulier, qui prétend se moquer des femmes et se met à pleurer en soupirant : " Margot ! "

Mais comme les Goncourt ont eu raison de parler de ces individus " qui ont besoin que les choses ou les gens aient cinq cents ans sur le dos pour leur trouver de la noblesse, de l'actualité ou du génie " ! Voilà vingt siècles et plus, les Gaulois, qui ne cessaient de s'entre-tuer, accueillaient avec faveur les étrangers pour que ceux-ci leur racontent ce qui se passait dans des contrées lointaines. Il leur fallait l'éloignement dans l'espace, à quoi l'on a voulu ajouter l'éloignement dans le temps. De ces scènes évoquées par un Couté l'on dira bien : " Comme c'est loin de nous ! Comme la guerre a changé tout cela ! " Mais ce n'est pas de ce lointain qu'on se satisfait, bien que j'aie la certitude que tous nos contemporains ne sont pas des châtrés ni des cercleux qui se bouchent le nez devant les odeurs fortes, ni les oreilles.

Si Couté est parfois un Primitif, — et je m'en excuse auprès de quiconque le prendrait pour un primaire, — il est aussi un lyrique rugueux qui ne recule pas devant le mot cru. Il atteint ainsi à de beaux effets de grandeur. Telle pièce de lui a la même majesté que le Cantique des Cantiques, *toute réserve faite en faveur de l'abondance, de la magnificence et de la subtilité orientales. C'est dans cet incomparable poème qu'on lit :*

" Car voici l'hiver passé, la saison des pluies est finie, elle s'en est allée ;

" les fleurs ont paru dans les champs, l'époque de l'émondage est venue, et la voix de la tourterelle s'est fait entendre dans nos campagnes ;

" les fruits du figuier mûrissent, les vignes en fleur embaument. Lève-toi, mon Amour, ma Belle, et viens ! "

Couté regarde le printemps dans sa Beauce : la splendeur palestinienne en est absente, mais, là aussi, la sève monte, et, du premier coup, faisant de la terre une fille nubile, il trouve ce vers magnifique :

Il a poussé du pouèl de'su' l' vent' à la terre.

Et il pense aux autres filles, et il écrit ceci, qui n'a pas été dépassé comme âpre réalisme lyrique :

Tout's les fill's de seize ans se sont sentu pisser
En r'gardant par la plaine épier les blés nouvieaux.

Il réfléchit, et voici un autre vers qui a pour moi, à sa manière infiniment personnelle, toute l'émotion haletante du Cantique des Cantiques :

Y a pas à dir'! V'là qu'il est temps ! Il est grand temps !

C'est le seul commentaire de détail que je me permette. Pas de besogne plus vaine que de citer des vers qui, quelques pages en aval, se retrouvent avec leur contexte.

Nous sommes loin, donc, de Pierre Dupont. Ce ne sont pas ces poèmes de Couté qui pourraient figurer " le pendant et l'accompagnement du genre d'épopée rustique et d'idylle que Mme Sand " a mises à la mode. Depuis ces temps trois quarts de siècle ont passé. Si l'on voulait imposer à Couté un rôle équivalent, il ne pourrait s'en acquitter que dans la Terre. *L'Art n'a pas à se préoccuper d'une morale pour lui superflue. Il équivaut à la Nature, qui est ce qu'elle est : ni morale, ni immorale, ni même amorale. Il n'a pas à chercher à la rectifier, ni à l'amender, qu'il s'agisse de la Nature tout court, ou de la nature humaine. Il doit se contenter de traduire, suivant le tempérament particulier de chacun de ses hérauts. Il ne démontre pas : il montre. Il ne sermonne pas, ni ne légifère : il conte.*

Montaigne dit : " La poésie populaire et purement naturelle a des naïvetés et grâces par où elle se compare à la principale beauté de la poésie parfaite selon l'art, comme il se voit ès villanelles de Gascogne et aux chansons qu'on nous rapporte des nations qui n'ont connaissance d'aucune science, ni même d'écriture : la poésie médiocre, qui s'arrête entre deux, est dédaignée, sans honneur et sans prix. " Que voilà qui est définitif ! Non pas — et j'ai la certitude que Montaigne eût développé en ce sens, — qu'il faille accepter sans contrôle " la poésie populaire et purement naturelle " : elle-même est souvent au-dessous de cette " poésie médiocre " qu'à juste titre dénonce Montaigne ; mais nous savons qu'

Il n'est pas de degré du médiocre au pire.

J'entends, par " poésie populaire... ", celle que nous devons à des artistes qu'une sorte de génie spontané a mis à même d'exprimer l'âme d'un mince canton. Là aussi, ce sont des hommes qui vivent, exactement comme dans les villes industrielles ou capitales. Parce que l'Art ne s'alimente que du concret, il se rencontre que ces artistes ont eu, sinon le mérite, le pouvoir de parler de l'Homme, à l'instar, très exactement, des tragiques, des comiques, des lyriques, et même de ceux que nous sommes convenus d'appeler moralistes. Halte-là ! Je n'accablerai point Couté sous le pavé de l'ours. Je ne songe à l'égaler à aucun des grands écrivains de France ni d'ailleurs : je dis seulement qu'il est de leur race. Un coteau est déjà l'ébauche du mont Blanc, ou, si l'on préfère, parce qu'il est plus lointain, du Gaurisankar.

Couté est ainsi fait que son meilleur moyen d'expression est le patois de son pays natal. Avant la récente guerre, du point de vue de l'esthétique pure ou simplement pratique, on était relativement autorisé à regretter qu'un écrivain usât de l'argot de Paris ou de tel patois plutôt que du français tel que pouvait le comprendre un lycéen des Basses-Alpes ou du Finistère, des Hautes-Pyrénées ou des Ardennes. Aujourd'hui, n'allons pas pour si peu chercher chicane à Couté. Qui nous dit que, en face de la langue internationale qui s'élabore sous nos yeux et à nos oreilles, dans un siècle le français de nos grands écrivains ne fera point figure de patois, c'est-à-dire de parent pauvre? Il y en a déjà plus d'un signe. Mis à part quelques mots dont le sens, au surplus, jaillit du contexte, le patois de Couté est tout aussi intelligible que le fran-

çais européen, c'est-à-dire petit-nègre, que nos contemporains prennent l'habitude d'écrire aussi bien que de parler.

On rencontre pourtant quelques dissonances chez Couté, si légères que je ne les indique que pour le principe. Il dira, par exemple :

Soyez ben méprisab's pour que l'on vous adore.

Le second hémistiche, tout en français, jure avec le premier ; mais Balzac a fait bien pis lorsqu'il écrivit la conversation du père Fourchon avec Blondet dans la salle à manger du château des Aigues.

Mais c'est aux poètes seulement qu'il faut comparer Couté, et aux poètes rustiques. De ruraux, au sens que j'ai indiqué, je n'en vois pas. Mis à part ceux du premier rang, un Lamartine, un Mistral, chez qui l'idéalisation est rendue acceptable par le génie lyrique ou épique, parmi ceux, innombrables, qui ont en vers disserté des êtres et des choses de la campagne, je n'en vois pas un qui l'ait fait avec cette dure vigueur. Que telle ou telle œuvre soit plus harmonieuse que celle de Couté, et mieux ordonnée, et plus nombreuse, c'est l'évidence même. Mais, s'il n'avait laissé qu'une pâle imitation des bucoliques anciennes, que des strophes, à la date où il les écrivit, dignes d'être intercalées dans les romans rustiques de George Sand, il n'y aurait pas lieu de les réunir, ni, donc, de les commenter : nous en sommes débordés, et les bonnes demoiselles de tout âge, même aujourd'hui, ne sont point rares, qui continuent d'ajouter chacune leur verre d'eau à cet océan. Que de redites sur la poésie de l'aube et du couchant, sur la splendeur des midis, sur la mélancolie de l'automne ! Et le labour ! Et les grands bœufs ! Et les pâtres sensibles aux " beautés de la Nature ! " Rien de ces fadaises chez Couté. C'est au seul Tristan Corbière qu'il conviendrait de le comparer, là où il est le meilleur, le plus décidément lui-même. S'il n'a point la variété de rythmes de son prédécesseur, dont il ignorait peut-être jusqu'au nom, il en a le trait mordant, et les envolées que l'ironie rejoint pour leur couper les ailes.

Même ne devant rien à quiconque, son inspiration en serait-elle plus à dédaigner ? Evidemment non. Pas toujours, mais assez souvent, jusque dans des outrances qui ne sont qu'apparentes, elle est régie par le même goût naturel qui, chez des lyriques plus cultivés, préside à la mise au point de leurs poèmes.

Dans la forêt comme dans les jardins de la littérature, il y a place pour toutes les essences : quant à la perfection circonscrite, le buis bien venu n'est pas inférieur au chêne, et le brugnon peut être aussi savoureux que la pêche de Montreuil : on voit même certains gourmets blasés qui à celle-ci préfèrent celui-là. Nous savons bien, parbleu ! que le chêne, plus puissant, dispense une ombre plus vaste, et que la pêche de Montreuil, résultat de multiples sélections, laisse loin derrière elle le brugnon.

Couté n'en est pas moins et ce brugnon, et ce buis.

HENRI BACHELIN.

Au dernier moment nous apprenons que Gaston Couté a été deux ou trois ans au Lycée d'Orléans, Enseignement moderne.

Le Gas qu'a mal tourné

LE GAS QU'A MAL TOURNÉ

Dans les temps qu'j'allais à l'école,
— Oùsqu'on m'vouéyait jamés bieaucoup, —
Je n'voulais pâs en fout'e un coup ;
J'm'en sauvais fér' des caberioles,
Dénicher les nids des bissons,
Sublailler, en becquant des mûres
Qui m'barbouillin tout'la figure,
Au yeu d'aller apprend' mes l'çons ;
C'qui fait qu'un jour qu'j'étais en classe,
(Tombait d'l'ieau, j'pouvions pâs m'prom'ner !)
L' mét'e i' m'dit, en s'l'vant d'sa place :
« Toué !... t'en vienras à mal tourner ! »

Il avait ben raison, nout' mét'e.
C't'houmm'-là, i'd'vait m'counnét' par cœur !

J'ai trop voulu fére à ma tête
Et ça m'a point porté bounheur ;
J'ai trop aimé voulouèr ét' lib'e
Coumm' du temps qu' j'étais écoyier ;
J'ai pâs pu t'ni' en équilib'e
Dans eun' plac', dans un atéyier,
Dans un burieau, ben qu'on n'y foute
Pas grand chous' de tout' la journée.
J'ai enfilé la mauvais' route !
Moué ! j'sés un gâs qu'a mal tourné !

A c'tt' heur', tous mes copains d'école,
Les ceuss' qu'appernin l'A. B. C.
Et qu'écoutin les bounn's paroles,
I's sont casés, et ben casés !
Gn'en a qui sont clercs de notaire,
D'aut's qui sont commis épiciers,
D'aut's qu'a les protections du maire
Pour avouèr un post' d'empléyé.
Ça s'léss' viv' coumm' moutons en plaine,
Ça sait compter, pas raisounner !
J'pens' queuqu'foués — et ça m'fait d'la peine :
Moué ! j'sés un gâs qu'a mal tourné !

Et, pus tard, quand qu'i's s'ront en âge,
Leu' barbe v'nu, leu' temps fini,
I's vouéront à s'mett'e en ménage ;
I's s'appont'ront un bon p'tit nid
Oùsque vienra nicher l' ben-êt'e
Avec eun' femm' devant la Loué !
Ça douét êt' bon, d'la femme hounnête :
Gn'a qu'les putains qui veul'nt ben d'moué.
Et ça s'comprend : moué, j'ai pas d'rentes,
Parsounn' n'a eun' dot à m'dounner,
J'ai pas un méquier dont qu'on s'vante...
Moué ! j'sés un gâs qu'a mal tourné !

I's s'ront ben vus par tout l'village
Pasqu'i's gangn'ront pas mal d'argent
A fér des p'tits tripatrouillages
Au préjudic' des pauv'ers gens,
Ou ben à licher les darrières
Des grouss's légum's, des hauts placés.
Et, quand qu'à la fin d'leu carrière
Ils vouérront qu'i's ont ben assez
Volé, liché pour pus ren n'fère,
Tous les lichés, tous les ruinés,

Diront qu'i's ont fait leu's affères...
Moué ! j's'rai un gâs qu'a mal tourné !

C'est égal ! Si jamés je r'tourne
Un joure r'prend' l'air du pat'lin
Oùsqu'à mon sujet les langu's tournent
Qu'ça en est comm' des rou's d'moulin,
Eh ! ben, i'faura que j'leu dise,
Aux gâs r'tirés ou établis
Qu'a pataugé dans la bêtise,
La bassesse et la crapulerie
Coumm' des vrais cochons qui pataugent,
Faurâ qu'j'leu' dis' qu' j'ai pas mis l'nez
Dans la pâté' sal' de leu-z-auge...
Et qu'c'est pour ça qu' j'ai mal tourné !...

Les Gourgandines

LES GOURGANDINES

Il a poussé du pouél desu' l'vent'e à la terre ;
Les poumm's vont rondiner aux poummiers des enclos.
Il a poussé du pouél sous les pans des d'vanquières
Et les tétons rondin'nt à c'tt' heure à plein corset.
Tout's les fill's de seize ans se sont sentu pisser
En r'gardant par la plaine épier les blés nouvieaux.

L'souleil leu' coll' des bécots roug's à mêm' la pieau
Qui font bouilli' leu' sang coumme eun' cuvé' d'Septemb'e.
Les chatouill's du hâl' cour'nt sous leu's ch'misett's de chanv'e
Et, d'vant les mâl's qui pass'nt en revenant des champs,
A s'sent'nt le cœur taqu'ter coumme un moulin à vent.

Y a pas à dir' ! V'là qu'il est temps ! Il est grand temps !
Les vieux farmiers qui vont vend' leu' taure à la fouère

Ent'rapontront des accordaill's en sortant d'bouère :
— « Disez-don', Mét' Jean-Pierr', v'là vout' fill' qu'est en âge ;
J'ai un gâs, et j'ai tant d'arpents d'terre au souleil.
V'là c'que j'compte y bailler pour le mett'e en ménage.
— Tope là ! L'marché quient ! R'tournons bouère eun' bou-
[teille !...
Pour fére eun' femme hounnête, en faut pas davantage!
Voui, mais faut l'fér' ! Faut-i' encor pouvouèr le fère ?

Les garc's des loué's, les souillons, les vachères,
Cell's qu'ont qu'leu' pain et quat' pâr's de sabiots par an,
Cell's qu'ont ren à compter poure c'qu'est des parents,
Cell's-là, à'peuv'nt attend' longtemps eun épouseux,
Longtemps, en par-delà coueffé Sainte-Cath'rine...
Attend'!... Mais coumment don' qu'vous v'lez qu'à fass'nt, bon
[Guieu ?
Empêchez vouér un peu d'fleuri' les aubépines
Et les moignieaux d'chanter au joli cœur de Mai !
Cell's-là charch'ront l'Amour par les mauvais senquiers !

Y a des lurons qui besougn'nt aux métari's blanches.
On s'fait ben queuqu' galant en dansant les Dimanches...
Et pis, pouf ! un bieau souèr, oùsque l'on est coumm' saoule
D'avouèr trop tournaillé au son des violons,

On s'laiss' chouèr, enjôlé', sous les suçons d'eun' goule
Et sous le rudaill'ment de deux bras qui vous roulent,
Coumme eun' garbée à fér', dans les foins qui sent'nt bon.

Queuq's moués après, quand y a déjà d'la barbelée
Au faît' des charnissons et des p'tits brins d'éteule,
Faut entend' clabauder, d'vant la flamm' des jav'lées,
Les grous boulhoumm's gâitieaux et les vieill's femm's [bégueules :
« Hé ! Hé !... du coup, la michant' Chous' s'a fait enfler !... »

Et les pauv's « michant's chous's » qui décess'nt pas d'enfler
Descend'nt au long des champs ousqu'à trouvé linceul
Leu-z-innocenc' tombée au nez d'un clair de leune.
— Les galants sont partis pus loin, la mouésson faite,
En sublaillant, chacun laissant là sa chaceune,
Après avouèr au caboulot payé leu's dettes. —
« Quouè fér ? » qu'à song'nt, le front pendant su' leu' d'van- [quiére
Et les deux yeux virés vars le creux des ornières...
Leu' vent'e est là qui quient tout l'mitan du frayé !
Au bourg, les vieill's aubarg's vésounn'nt de ris d'rouyiers
Qui caus'nt d'ell's en torchant des plats nouér's de gib'lotte ;
D'vant l'église à Mari' qu'a conçu sans péché

Leu's noms sont écrasés sous les langu's des bigotes
Qu'un malin p'tit vicair' fait pécher sans conc'vouèr ;
Les conscrits qui gouépaill'nt un brin, avant d'se vouèr
Attachés pour troués ans au grand ch'nil des casarnes,
Dis'nt des blagu's à l'hounneur d'la vieill' gaîté d'cheu nous :
— « Sapré garc's, pour avouér un pansier aussi grous,
A's'ont fait coumm' les vach's qu'ont trop mangé d'luzarne ?
Ou ben c'est-i' un caquezieau qui l'sa piquées ? »
Au bourg, tout l'monde est prêt à leu' jiter la pierre.
A's r'tourn'ront pas au bourg, les fill's au vent'e enflé.
Un matin, a's prendront leu' billet d'chemin d'fer
Et ça s'ra des putains arrivé's à Paris.

Ben, pis qu'v'là coumm' ça qu'est. Allez, les gourgandines !
Vous yeux ont d'l'attiranc' coumm' ieau profond' des puits.
Vous lèvres sont prisé's pus cher qu'un kilo d'guignes,
Les point's de vos tétons, mieux qu'vout cœur, vout' esprit,
Vous frayront la rout' large au travers des mépris.
C'est vout' corps en amour qui vous a foutu' d'dans :
C'est après li qu'i faut vous ragripper à c'tt'e heure ;
Y reste aux fill's pardu's, pour se r'gangner d'l'hounneur,
Qu'de s'frotter — vent'e à vent'e — avec les hounnêt's gens :
L'hounneur quient dans l'carré d'papier d'un billet d'mille,

Allez, les gourgandin's par les quat' coins d'la ville !
Allez fout' su' la paill' les bieaux môssieu's dorés.
Mettez l'feu au torchon au mitan des ménages,
Fesez tourner la boule aux mangeux d'pain gangné,
Aux p'tits fi's à papa en attent' d'héritage !
Fesez semaill' de peine et d'mort su' vout' passage.
Allez ! Allez jusqu'au fin bout d'vout' mauvais sort !
Allez, les gourgandin's, œuvrer aux tâch's du mal !
Soyez ben méprisab's pour que l'on vous adore !
Et, si vous quervez pas su' eun' couétt' d'hôpital
Ou su' les banquett's roug's des maisons à lanterne,
Vous pourrez radeber, tête haute, au village,
En traînant tout l'butin qu' v' aurez raflé d'bounn'guerre.

Vous s'rez des dam's à qui qu'on dounne un certain âge ;
Vous tortill'rez du cul dans des cotillons d'souée.
V'aurez un p'tit chalet près des ieaux ou des boués
Que v' appell'rez « Villa des Ros's ou des Parvenches ».
L'curé y gueultounn'ra avec vous, les dimanches,
En causant d'ci et d'ça, d'morale et d'tarte aux peurnes.
Vous rendrez l'pain bénit quand c'est qu'ça s'ra vout' tour ;
L'Quatorze Juillet, vous mérit'rez ben d'la Patrie :
Ça s'ra vous qu'aurez l'mieux pavouésé de tout l'bourg !

L'bureau d'bienfaisance vien'ra vous qu'ri des s'cours.
Aux écol's coummunal's vous f'rez off'er des prix,
Et vous s'rez presque autant que l'mair' dans la Coummeune.
Ah ! Quand c'est qu'vous mourrez, comben qu'on vous [r'grett'ra !
La musiqu', les pompiers, suivront vout' entarr'ment ;
D'chaqu' couté d'vout convoué y aura des fill's en blanc
Qui porteront des ciarg's et des brassé's d'lilas.

Vous s'rez eun' saint' qu'on r'meun' gîter aux d'meur's divines.
Allez ! en attendant ! Allez, les gourgandines !...

Le Jour du marché

LE JOUR DU MARCHÉ

A la rond' les v'là qui vienn'nt de dix yieues ;
A's ont des couéff's blanch's, i's ont des blous's bleues.
I's iniss' le ch'val à l'auberg' du coin,
Et s'quitt'nt pour aller ousqu'i's ont besoin.
I's compt'ront ensembl' les sous empochés...
C'est tous les jeudis le jour du marché.

Refrain

Moué, j'sés la gaup' du Bas du Bourg ;
Et, ben hounnêt'ment, sans jamais tricher,
Pour eun écu, j'dounn' de l'amour...
C'est itou l'jeudi mon jour de marché !

Quand qu'i's auront fait monnai' d'tout's leu's graines,
De tout c'blé qu'est né d'leu's sué's et d' leu's peines,

Ces gâs dont les glèb's dur's mang'nt la gaieté
S'trouv'ront pris d'un grand besoin d'joyeus'té,
Et, dam', i's song'ront tertous à Françouése,
Eux qui n'ont d'l'amour qu'aux bras d'eun pauv'er
Toujou's grousse ou ben en train d'éccoucher...
C'est tous les jeudis le jour du marché !

Dans la p'quitt' ruelle où qu'i's sav'nt que j'gîte
I's s'en vienront m'fèr' l'hounneur d'eun' visite :
Plan, plan, rataplan ! dans mes cont'ervents !
Boum, boum, badaboum ! dessus mon lit blanc !
Et j's'rai l'four banal qui dounn' tout's les s'maines
Eun' fourné' d'amour aux bons marchands d'graines
Qu'ont cheux eux un four qu'est toujou's bouché...
C'est tous les jeudis le jour du marché.

Comme i's vend'nt leu' blé, comme a vend'nt leu' beurre,
J'leu' vends des mamours qui dur'nt un quart d'heure...
Tous les mangeux d'pain n'ont pas l'mal-parler
Pour les marchands d'grain's qui leu' vend'nt du blé ;
Pourquoi don', à c' cas, qu'tous les marchands d'graines
M'jett'nt à qui mieux mieux des piarr's à mains pleines

A moué qui leu' vends ça qu'i's viennent charcher ?
C'est tous les jeudis le jour du marché.

Dernier refrain

Moué, j'sés la Francouése à tout le monde !
Pisque c'est comm' ça, pourquoé m'en cacher ?
J'lou mes yeux doux et ma chair blonde.
C'est itou l'jeudi mon jour de marché.

La Julie jolie

LA JULIE JOLIE

A la loué' de la Saint-Jean
Un fermier qui s'rât'lait des rentes
Dans l'champ d'misèr' des pauvres gens
Alla s'enquéri' d'eun' servante.
Après avoir hoché longtemps,
Pour quatr' pair's de sabiots par an
Avec la croûte et pis l'log'ment,
I'fit embauch' de la Julie...
La Julie était si jolie !

L'empléya, sans un brin de r'pos
Du fin matin à la nuit grande,
A m'ner pâturer les bestiaux
Dans l'herbe peineus' de la lande ;
Mais, un soir qu'il 'tait tout joyeux

D'avoir liché queuqu's coups d'vin vieux,
I's'sentit d'venir amoureux
Et sauta dans l'lit d'la Julie...
La Julie était si jolie !

D'pis c'jour-là, d'venu fou d'amour,
I' t'y paya des amusettes,
Des affutiaux qu'l'orfèv' du bourg
Vous compt' toujou's les yeux d'la tête ;
Pis, vendit brémaill's et genêts,
Vendit sa lande et son troupet
A seul' fin d'se fair' des jaunets
Pour mett' dans l'bas blanc d'la Julie...
La Julie était si jolie !

Si ben qu'un coup qu'il eut pus ren
Ayant donné jusqu'à sa ferme,
A l'mit dehors, aux vents du ch'min,
Comme un gas qui paie pus son terme ;
Mais, c'jour-là, c'était la Saint-Jean :
Pour quat' pair's de sabiots par an
Avec la croûte et pis l'log'ment,
I' s'embaucha cheu la Julie...
La Julie était si jolie !

Idylle des grands gâs...

IDYLLE DES GRANDS GAS COMME IL FAUT ET DES JEUNESSES CONVENABLES

L'chef-yieu d'canton a troués mille âm's, et guère avec.
On peut pas y péter sans qu'tout l'monde en tersaute ;
La moquié du pays moucharde aux chauss's de l'aut'e,
Et les vilains coups d'yeux pond'nt les mauvés coups d'becs.

Pourtant, su' les vieux murs nouérs coumm' l'esprit du bourg,
La bell' saison fait berlancer des giroflées ;
Pourtant, dans l'bourg de sournoués'rie et d'mauvais'té,
Y a des gâs et des fill's qui sont dans l'âg' d'amour !

V'là coumme i's s'aim'nt : les galants r'vienn'nt, après l'ouvrage,
Par les ru's oùsqu' leus bell's cous'nt su' l'devant d'la f'nét'e :
Un pauv' sourir' qu'a peur, un grand bonjour bébéte,
Deux grouss's pivouén's de hont' qu'éclat'nt su' les visages,

Et c'est tout. I's font point marcher l'divartissouèr,
Rouet qu'on tourne à deux pour filer du bounheur
Et qui reste entre eux coumme un rouet su' l'ormouère
Pasque... Eh ! ben, et l'Mond', quoué qu'i dirait, Seigneur !

Vous l'avez jamés vu, l'Mond', dépecer un coup'e
Qu'les écouteux ont pris en méfait un bieau jour ?
Et su' la place, au sorti' d'mess', par pequits groupes,
Vous l'avez jamais vu, l'Mond', baver su' l'amour ?

Alors, les fill's renfonc'nt les envi's qui les roingent,
Souffrant tout bas l'Désir qui piqu' dans leu' pieau blanche
Coumm' leu-z-aiguill' d'acier dans la blancheur du linge,
Et les gâs fil'nt, sans bruit, par el' train du dimanche ;

Car la Ville est pas loin ousqu'y a la garnison,
L'Martroué, la Préfectur', l'Evêché, l'Tribunal,
La Ville, enfin, la Ville oùsqu'on trouv' des maisons...
— Vous savez, des maisons darrièr' la cathédrale ?

Donc, les gâs but'nt au nid des tendress's à bon compte ;
Eun' grouss' chouette est guchée au bas du lumério :
« Mes p'tits agneaux, on pai' tout d'suite ; après on monte ! »
Les gru's accour'nt. « Fait's-nous d'abord nos p'tits cadeaux ! »

Et les gâs pai'nt ben châr, étant allés ben loin,
C'que les fill's de cheux eux voudrin dounner pour ren !
Pis les gothons s'déb'hill'nt, et, quand leu' ch'mise est chute,
D'vant leu' corps usagé par le frott'ment des ruts,

D'vant leu's tétons, molass's coumm' des blancs fromag's
[mous,
Les gâs song'nt ; et i's douèv'nt se dir' dans leu' song'rie :
« Y a des bieaux fruits qui s' pard'nt dans les enclos d'cheu
Et faut que j'galvaudin après des poumm's pourries ! » [nous,

Enfin, les pauv's fumell's rentr'nt dans les bras des mâles
Coumme ent'er les limons queuqu' pauv' jument forbue,
Et pis les v'là qu'as pouss'nt, qu'as tir'nt et qu'as s'emballent
Pour charrouéyer les aut's vars la joué qu'as n'trouv'nt pus !

Mais Ell's ! quand on y pens', coumme a's rurin d'ben aise,
Les Mari'-Clair' du bourg, les Touénons, les Thérèse,
Si qu'a's s'trouvin tertout's ett'lé's, pour el'quart d'heure,
A la plac' des gothons d'laVill', leu's tristes sœurs,

Victim's coumme ell's du Mond' qui t'naille et crucifie
Les vierg's et les putains au nom d'la mêm' Morale !
Mais quoué ! « Leu-z-affér' fait' », le souer, les gas r'dévalent
Vars el' pays oùsqu' les attend'nt leu's bounn's amies.

I's r'déval'ront souvent ! A's attendront longtemps !
D'aucuns r'viendront avec du pouéson dans les veines,
D'aucun's dépériront, coumm' les giroflé's viennent
A mouri' su' les murs de la séch'ress' du temps.

Pis, par un coup, avant d'leu' r'céder l'fonds d'boutique,
Les vieux disant : « Ma fill', te fau'ait un bon gâs ! —
— Mon gâs, t'faurait eun' femm' pour sarvi' la pratique ! »
I's s'uniront avec tout l'légal tralala...

L'blé s'ra d'pis longtemps mûr quand qu'i's noueront leu'
Après bieaucoup d'éguermillage i's f'ront l'amour, [gearbe.
Ayant r'mis au lend'main « c'qu'i's pouvin fère el' jour, »
A caus' du mond' qui ment jusque dans ses provarbes.

Et i's d'viendront eux mêm's ce Monde au cœur infect
Qui fait des enfants pour pouvouèr les fèr' souffri
Quand qu'arriv' la saison des giroflé's fleuries
Dans l'michant bourg de troués mille âm's, et guère avec.

En revenant du bal

EN REVENANT DU BAL

Allons, petiot', faut s'en aller !
Les violons ont pardu parole,
Et su' la plac' de l'assemblée
V'là la nuit grand' qui dégringole.

I' faut profiter d'la nuit grande !
Dounn' moué ton bras et partons vite
Pour êt' pus longtemps dans la lande
Avant d'gangner chacun nout' gîte.

Prenons les sent's oùsqu'y a pas d'place
A pouvouèr teni' côte-à-côte ;
De c'tt' affér'-là, pour que l'on passe,
I' faurra s'sarrer l'un cont' l'autre.

Viens par ici ; des bouffées d'brise
Pass'nt dans les broussaill's déjà hautes,
Et ça sent bon dans la land' grise...
Ah ! coumme t'es belle à c'souèr, petiote !

Ah ! coumm' t'es belle ! Et qu'tes yeux brillent !
Ta main ! Coumme alle est p'tiote et blanche !
On dirait eun' main d'petit' fille
Que j'sens qui s'agrippe à ma manche !

Tes ch'veux, c'est eun' soué souple et fine,
Eun' vrai' caress' quand qu'on les touche,
Et ta bouche est fraîch' coumm' deux guignes,
Que j'présume ét' si douc's, si douces !

Mais j'cause-t-y point pour ne ren dire,
Pasqu'après tout c'tte bouchett' rouse
Et ces deux yeux jolis qu' m'attirent,
C'est fait pour d'aut's qu'un pas gran' chouse ?

J'sais ben qu'tu tomb'ras en d'aut's pattes,
— Ça, c'est fatal, — un jour ou l'aut'e,
Ma pauv' mignonn', ma bell' tit' chatte
Mais ton pèr' veut : c'est pas d'ta faute...

Aussi, à c'tt'heure oùsqu'on s'promène
Ren qu'tous les deux, j'me d'mande à cause
Que j'm'ai' mis à causer d'ma peine
Quand ton amour réclame aut' chose !

Viens par ici ! Gn'a eun' cachette,
Un p'tit nid que les grands g'nêts dorent.
Faut pus songer qu'gna des loués bêtes
Et des parents pus bêt's encore !

Les Petits Chats

LES PETITS CHATS

Hier, la chatt' gris' dans un p'quit coin
D'nout' guernier, su' eun' botte de foin,
Alle avait am'né troués p'quits chats ;
Coumm' j'pouvais pas nourri' tout ça,
J'les ai pris d'eun' pougné' tertous
En leu-z-y attachant eun' grouss' piarre au cou.

Pis j'm'ai mis en rout' pour l'étang ;
Eun' foués là, j'les ai foutus d'dans ;
Ça a fait : ppllouff !... L'ieau a grouillé,
Et pis pus ren !... Ils 'tin néyés...
Et j'sé r'parti, chantant coumm' ça :
« C'est la pauv' chatt' gris' qu'a pardu ses chats. »

En m'en allant, j'ai rencontré
Eun' fill' qu'était en train d'pleurer,

Tout' peineuse et toute en haillons,
Et qui portait deux baluchons.
L'un en main : c'était queuqu's habits ;
L'autr', c'était son vent'e oùsqu'était son p'quit !

Et j'y ai dit : « Fill', c'est pas tout ça ;
Quand t'auras ton drôl' su' les bras,
Coumment don' qu'tu f'ras pour l'él'ver,
Toué qu'as seul'ment pas d'quoué bouffer ?
Et, quand mêm' que tu l'élèv'rais,
En t'saignant des quat' vein's... et pis après ?

Enfant d'peineuse, i' s'rait peineux ;
Et quoiqu'i fasse i' s'rait des ceux
Qui sont contribuab's et soldats...
Et, — par la tête ou par les bras
Ou par... n'importe ben par où ! —
I' s'rait eun outil des ceux qu'a des sous.

Et p't-êt qu'un jour, lassé d'subi'
La vie et ses tristes fourbis,
I' s'en irait se j'ter à l'ieau
Ou s'foutrait eun' balle dans la pieau,

Ou dans un bois i' s'accroch'trait
Ou dans un « cintième » i' s'asphysquerait.

Pisqu'tu peux l'empêcher d'souffri,
Ton pequiot qu'est tout prêt à v'ni,
Fill', pourqoué don' qu'tu n'le f'rais pas ?
Tu voués : l'étang est à deux pas.
Eh ! bien, sitout qu'ton p'quiot vienra,
Pauv' fill', envoueill'-le r'trouver mes p'tits chats !... »

Le Foin qui presse

LE FOIN QUI PRESSE

Ah ! Pour eun' bell' noc', c'était eun' bell' noce !
Y avait — oui, d'abord ! — eun' joli' mariée,
Y avait d' la famill' des quat' coins d' la Bieauce,
Offrant des coch'lins (1) à plein's corbeillées !

Y avait d'la mangeaille à s'en fout' ras là :
Des tourt's à la sauce et des oies routies,
Avec un bringand d' petit vin d' Saint-Y (2)
Qui r'montait d'avant le phylloxéra !

Y avait l' vieux Pitance, un colleux d' bêtises,
Et l' cousin Totor qu'est au « Bon Marché ».
Ah ! ces Parisiens ! I's sont enragés :
Des chansons à fér' pisser dans sa ch'mise !

(1) Cadeaux de noces.
(2) Saint-Ay, cru des bords de la Loire. Se prononce : sainti.

Y avait des volé's d' jeuness's raquillantes
Qui dansint en t'nant les gâs par el' cou ;
Y avait d' l'amus'ment et d' la bounne entente,
Des gens ben gaîtieaux, d'aucuns mêm' ben saouls !

Ah ! pour eun' bell' !... Mais c'est fini, la noce !
Au r'vouér à tertous ! I' fait presque jour.
Pitanc' s'est r'levé su' l' fumier d' la cour,
Et les parents d' Bieauc' mont'nt dans leu' carrosses,

Si ben qu'i's rest'nt pus qu' tous les deux, à c'tte heure,
Ell', l'enfant gâtée élevée en ville,
Et li, l' grous farmier. Dans la cour tranquille
Les coqs matineux saluent leu' bounheur.

Et v'là la joli' marié' qui s'appresse
En faisant ronron comme eun' tit' chatt' blanche
Qui veut des lichad's et pis des caresses.
Mais quoué don' ? Soun houmme est là coumme eun' planche.

Piqué vis-à-vis le peignon d' sa grange,
Il a r'luqué l'ciel d'eun air si étrange !
C'est-y qu'i' sarch'rait à lir' dans les nuages
La bounn' aventur' de leu' jeun' ménage ?

« Hé ! Pierr', — qu'a soupir', — c'est tout c' que tu contes ? »
Mais li, s'emportant coumme eun' soupe au lait :
« Non, mais r'garde don' un peu l' temps qu'i' fait,
Couillett' ! Tu vois pas la hargne qui monte ?

Ça va mouiller dur, et ça s'ra pas long !
Mon foin, nom de Guieu ! qu'est pas en mulons !
La mangeaille aux bêt's qui va êt' foutue !
En rout' ! Mulonnons avant qu' l'ieau sey' chue ! »

Et la v'là parti', la marié' tout' blanche,
Piétant dans son vouéle et ses falbalas,
Portant su' l'épaule eun' fourche à deux branches,
L'âm' tout' retourné' de se r'trouver là.

Quand qu'il était v'nu, pour li fér' sa d'mande,
Dans la p'tit' boutique où qu' mourait son cœur,
Alle avait dit « oui » tout d'suite, sans attend'e,
Se jitan vars li coumm' vars un sauveur.

Alle avait dit « oui », songeant sans malice,
— Ell' dont l' corps brûlait à l'air des bieaux jours
Qu' c'en était, des foués, coumme un vrai supplice — :
« Quand on a eun houmme, on a de l'amour ! »

Et la v'là fourchant le treufe incarnat,
Sous l' désir féroce et l'aube mauvaise,
A'nhui, dret l' moment qu'a' d'vrait êt ben aise,
Coumme au Paradis, dans l' fin fond des draps,

Pasqu', auparavant que d'êt' dev'nu' femme,
All' est devenue eun' femm' de pésan
Dont la vie est pris', coumm' dans un courant,
Ent' le foin qui mouille et les vach's qui breument.

Les tâch's, l'agrippant au creux de sa couette,
Mang'ront les baisers su' l' bord de ses lèv'es
Et séch'ront son corps, tout chaud de jeun' sève,
Qui tomb'ra pus fréd qu'eun arpent d' « guerouette » (1).

Les gésin's bomb'ront son doux ventrezieau,
Les couch's râchiront sa pieau fine et pâle ;
Et, vieille à trente ans, traînant ses sabiots,
Abêti' d' travail, écœurdé' du mâle,

All' aura pus d' yeux qu' pour vouér, à son tour,
L' ciel nouér su' les prés couleur d'espérance,
Esclav' de la Terr' jalou's, qui coummence
Par y voler sa premièr' nuit d'amour.

(1) Guerouette : *Terre froide, argileuse.*

En suivant leu' noce...

EN SUIVANT LEU' NOCE...

On devait s'marier su' l' coup d' nos vingt ans,
(Tes jou's étin douc's coumm' le v'lours des pêches.
Mais quoué ! dans la vi' du monde y a tout l' temps,
Quand on veut eun' chos', d'aut's chos' qu'en empêchent.
On s'est en allé chacun d' son côté
Pour pas contrarier des idé's d' famille...
Et, trente ans après, v'là qu' j'allons fêter
Les blanch's épousaill's d' mon gâs et d' ta fille...

Refrain

En suivant leu' noce, ô gué ! la Marie,
Ta fill' c'est 'cor toué !
Mon gas, c'est 'cor moué !
C'est don' ben un peu nous aut's qui s' marient
En suivant leu' noce, ô gué ! la Marie !

Voui, ma bounn', ta fille alle a hérité
Des deux p'quit' pêch's fréch's de ton doux visage,
Et pus j'm'apérçois, à la ben zieuter,
Qu' c'est toué tout' craché' quand qu' t'avais soun âge...
Poure c'qu'est d' mon gas, j'y ai passé mon cœur,
Mon cœur de vingt ans qu'a pus ren à fère
Dans eun' vieill' carcass' qui li port' malheur,
Et l' pauv' cœur a r'pris sa rout' coutumière... !

I' s'est envolé coumm' la premiér' foués
Par les champs qui dorm'nt et les blés qui bougent,
Par les vign's en fleurs et le coin du boués,
Pour arriver d'vant l' mêm' touét en tuil's rouges :
Il a r'cougné d' l'aile aux mêm's volets verts
Ousque s'accrochin les vrill's de la vigne ;
Mais, du coup, les deux volets s' sont ouverts
Coumm' des bras de bon accueil qui font signe...

Qu'i's ont l'air heureux, à c'tte heur', nos pequits !...
(Dam ! i' pouss' des fleurs su' tous les cim'tières !)
Et la joi' qu'i's cueill'nt au jour d'aujord'hui
A poussé su' l' tas d' nos ancienn's misères !

...Alle est tout en blanc, li marche à côté,
Et le violoneux racle avec tendresse :
Tu l'voués, là d'vant nous, qu'est ressuscité
Le bieau rêv' défunt de tout' not' jeunesse !

Jour de lessive

JOUR DE LESSIVE

Je suis parti ce matin même,
Encor saoul de la nuit, mais pris
Comme d'écœurement suprême,
Crachant mes adieux à Paris.
...Et me voilà, ma bonne femme,
Oui, foutu comme quatre sous.
...Mon linge est sale, aussi mon âme...
Me voilà chez nous !

Refrain

Ma pauvre mère est en lessive...
Maman, Maman, Maman, ton mauvais gâs arrive
Au bon moment !...

Voici ce linge où goutta maintes
Et maintes fois un vin amer,
Où des garces aux lèvres peintes
Ont torché leurs bouches d'enfer...
Et voici mon âme, plus grise
Des mêmes souillures — hélas !
Que le plastron de ma chemise
Gris, rose et lilas...

Au fond du cuvier, où l'on sème,
Parmi l'eau, la cendre du four,
Que tout mon linge de bohème
Repose durant tout un jour...
Et qu'enfin mon âme, pareille
A ce déballage attristant,
Parmi ton âme — ô bonne vieille ! —
Repose un instant...

Tout comme le linge confie
Sa honte à la douceur de l'eau,
Quand je t'aurai conté ma vie
Malheureuse d'affreux salaud,

Ainsi qu'on rince à la fontaine
Le linge au sortir du cuvier,
Mère, arrose mon âme en peine
    D'un peu de pitié !

Et, lorsque tu viendras étendre
Le linge d'iris parfumé,
Tout blanc parmi la blancheur tendre
De la haie où fleurit le Mai,
Je veux voir mon âme, encor pure
En dépit de son long sommeil,
Dans la douleur et dans l'ordure,
    Revivre au Soleil !...

La Toinon

LA TOINON

Paraît qu'la Toinon qu'est parti' coumm' bonne
Pour aller sarvi' cheu des gens d'Paris
S'appelle à pesent : Mame la Baronne ;
Moué, je suis resté bêt'ment au pays.
Ça ne m'a jamais v'nu dans la caboche
Ed' coller un « De » par devant mon nom...
Et pourtant, du temps qu'j'étais tout p'tit mioche,
J'allais à l'école avec la Toinon !

A ses « tous les jours » all' port' robe ed' soie,
All' sait s'parlotter à chaqu' mot qu'all' dit :
Moué, je suis resté bête comme eune oie,
J'porte la même' blous' l'dimanche et l'samedi.
Tout' la s'maine, all' mang' d'la dinde à la broche ;
Moué, tout' moun anné', j'bouff' que du cochon...

Et dir' que, du temps qu'j'étais tout p'tit mioche,
J'allais à l'école avec la Toinon !

All' reçoué cheu-z-ell' des moncieux d'la ville,
Des gens coumme i'faut qui li font la cour
Et qui la fourniss'nt de bieaux billets d'mille ;
Moué, j'suis un pauv' gâs sans l'sou, sans amour !
Ell', du moins, all' vit sans que l'monde i' r'proche ;
Moué, quand que j'bracounne, on m'fout en prison...
Et dir' que, du temps qu'j'étais tout p'tit mioche,
J'allais à l'école avec la Toinon !

Ça m'gên' d'la vouer riche et d'me vouèr si pauve,
Ça m'saigne ed' songer qu'alle aime un tas d'gâs
Qu'entr'nt avec leu's sous au fond d'soun alcôve
Et qu'ont les bécots qu'all' me baill'ra pas...
Aussi, j'dounn'rais ben tout c'que j'ai en poche :
Ma pip', mon coutieau, mes collets d'laiton,
Pour êt' 'core au temps oùsque, tout p'tit mioche,
J'allais à l'école avec la Toinon !

La Dot

LA DOT

O les parcepteurs ! O les capitaines
Qu'épous'nt des femm's qu'ont des grous sacs de dot.
Ah ! la dot ! la dot ! la dot ed' la mienne !
— V'allez-t-y m'trouver berlaudin, vous aut'es,
O les parcepteurs ! O les capitaines !

V'la l'histouére : Avant que je n'parte au sarvice
J'm'étais fait cheu nous eun' tit' bounne amie,
A c't âge, alle avait quasiment point d'vices
Et ça me r'tenait d'la biger pus loin
Qu' son bec ros' qui v'nait de li-même me qu'ri
Des bécots pus simpl's qu'eun' becqué' d'bon pain.

J'y réclamais s'ment : « Attends-moué qu'je r'vienne,
Troués ans, ça pass' vite !... et j'nous marierons...

Tu s'ras tout en blanc, du vouéle à la tréne !
Gn'aura des pougné's d'rubans au violon ! »
Et pis, j'sés parti !

— « Eun' ! deuss !... Par l'flanc douéte !
Pochté !... filer doux !... fous huit jours ed' bouéte ! »
...Enfin, du moment qu' c'est pour la Patrie !...
Mais, pendant c'temps-là, ma 'tit' bounne amie
S'faisait enjôler par un bourgeouésieau,
Et, quand j'sés r'venu, après mon rabiot,
Je n' l'ai pus r'trouvée au mitan d'la ronde
Des jeuness's ben sag's qui dans'nt aux fins d'vêp'es.
All' 'tait à Paris, qu'jaspotait tout l'monde,
All' 'tait à Paris qui fesait la gouépe !
— Allons bon !... c'est dit !... je n'la r'vouerrai pus ! —
Et j'ai rempougné l' manch'ron d'la charrue ;
Labours et charroués ont mangé mes s'maines,
J'ai jité mes Dimanch's dans la bouésson
Tandis qu'les aut's fill's passin dans la plaine...
All's 'tin tout en blanc, du vouéle à la tréne,
Gn' avait des pougné's d'rubans au violon !

Mais un bieau matin... Ell'... V'la qu'à s'ramène...
Non ! tout's les gothons n'amass'nt pas des rentes ;
Ses cott's tout's guené's aux filoch's qui pendent,
Ses façons d'causer, ses façons d'sourire,
Ses façons d'aller sont là pour el' dire !
L'Monde y a fait deux goss's qu'alle a su' les bras,
A' rapporte queuqu's restants d'maladies
Qui vous guett'nt toujou's dans ces méquiers-là.
A' rapporte un cœur qu'est tell'ment aigri
Qu'i' s'peut ben qu'l'Amour ne r'vienn' pus cheu li,
Et des pauv'ers vic's pour oublier ça !

C'est tout d'méme eun' fill' de pus dans l'pays,
Eune fill' de pus qu'est bounne à marier.
Hé ! les parcepteurs ! hé ! les capitaines,
Les bieaux épouseux !... Qui qu'c'est qui veut qu'ri
La fille, et la dot que l'Monde y a baillée ?

Eh ! ben, ça s'ra moué ! Pis qu'tertous dis'nt non.
Aprés tout, c'était ma 'tit' bounne amie.
Dam', du coup ! gn'aura vouél blanc ni blanch'tréne !
Gn'aura pas d'rubans ! Gn'aura pas d'violons !
Mais j'nous marierons tout d'même et quand même.

O les parcepteurs ! O les capitaines
Qu'épous'nt des femm's qu'ont des grous sacs de dot !
La mienne a coumm' dot un grous sac de peine :
Faut qu'un gâs racheut' les sal'tés aux aut'es,
O les parcepteurs ! O les capitaines !

Les Gâs qui sont à Paris

LES GAS QUI SONT A PARIS

A c't' heur', les gens s'enfeignantent :
Pas un veut en foute un coup,
Tertous veul'nt avoèr des rentes ;
Et, coumme i's trouv'nt qu'après tout
C'est trop dur ed' piocher la terre,
I's désartent leu' pays
Et, pour viv'e à ne rien n'faire,
Les gâs s'en vont à Paris.

I's crey'nt qui vont fair' tout fendre,
I's s'figur'nt qu'un coup là-bas
Gn'a qu'à s'baisser pour en prendre ;
Mais i's s'lass'nt vit' du combat
Qu'faut livrer dans la grand' ville,
Et, quand qu'i's r'vienn'nt au pays,

C'est pour être un peu tranquilles,
Les gâs qui sont à Paris !

Aussitoût qu'i's sont en âge,
Plantant là les Jeannetons
Qui f'rin d'bounn's femm's ed' ménage,
I's vont couri' les gothons
Qui fum'nt et qui batifolent.
Mais, quand qu'i's r'vienn'nt au pays,
C'est pour soigner leu's... p'tit's maladi's d'jeun's houmm's
Les gâs qui sont à Paris !

I's r'mis'nt au fin fond d'lormoére
Leu's blous's et leu's grous sabiots,
Et, d'vant l'monde, i's font leu' poére,
Engoncés dans leu's palquiots.
N'empéch' qu'i's sont dans la gêne,
Et, quand qu'i's r'vienn'nt au pays,
I's perssur'nt les pauv's bas d'laine,
Les gâs qui sont à Paris !

Et, en attendant qu'ça biche,
P'tit à p'tit, i's d'viendront vieux ;

Mais i's d'viendront pas pus riches,
Et, quand gn'aura pus d'cheveux
Su' la plac' de leu' « sarvelle »,
Bieaucoup r'vienront au pays,
Mouri' sans pain ni javelle,
Les gâs qui sont à Paris !

L'odeur du Fumier

L'ODEUR DU FUMIER

C'est eun' volé' d'môssieux d'Paris
Et d'péquit's dam's en grand's touélettes
Qui me r'gard'nt curer l'écurie
Et les « têts « ousque gît'nt les bêtes :
Hein ?... de quoué qu'c'est, les villotiers?
Vous faisez pouah ! en r'grichant l'nez
Au-d'ssus d'la litière embernée ?
Vous trouvez qu'i' pu', mon feumier ?

Ah ! bon Guieu, oui, l'sacré cochon !
J'en prends pus avec mes narines
Qu'avec les deux dents d'mon fourchon
Par oùsque l'jus i'dégouline,
I' pu' franch'ment, les villotiers !
Mais vous comprendrez ben eun' chouse :

C'est qu'i' peut pas senti' la rouse !
C'est du feumier : i'sent l'feumier !

Pourtant, j'en laiss' pas pard'e un brin,
J'râtle l'pus p'tit fêtu qu'enrrouse
La pus méchant' goutt' de purin,
Et j'râcle à net la moind'er bouse !
Ah ! dam itou, les villotiers,
Malgré qu'on seye en pein' d'avouer
Un « bien » pas pus grand qu'un mouchouer,
On n'en a jamais d'trop, d'feumier !

C'est sous sa chaleur que l'blé lève
En hivar, dans les tarr's gelives ;
I' dounn' de la force à la sève
En avri', quand la pousse est vive !
Et, quand ej' fauch', les villotiers,
Au mois d'août les épis pleins
Qui tout' l'anné' m'dounn'ront du pain,
Je n'trouv' pas qu'i' pu', mon feumier !

C'est d'l'ordur' que tout vient naît'e à:
Bieauté des chous's, bounheur du monde,

Ainsi qu's'étal' su' l'fient d'mes bêtes
La glorieus'té d'la mouésson blonde.
Et vous, tenez, grous villotiers
Qu'êt's pus rich's que toute la coummeune,
Pour fair' veni' pareill' forteune
En a-t-y fallu, du feumier !

Dam' oui, l'feumier des capitales
Est ben pus gras que c'ti des champs :
Ramas de honte et de scandales...
Y a d'la boue et, des foués, du sang !
Ah ! disez donc, les villotiers,
Avec tous vos micmacs infâmes
Ousque tremp'nt jusqu'aux culs d'vos femmes,
I' sent p'têt' bon, vous, vout' feumier ?

Aussi, quand ej' songe à tout ça
En décrottant l'dedans des « têts »
J'trouv' que la bauge des verrats
A'cor coumme un goût d'properté !
Et, croyez-moué, les villotiers,
C'est pas la pein' de fèr' des magnes
D'vant les tas d'feumier d'la campagne :
I' pu' moins que l'vout', nout' feumier !

Les Bornes

LES BORNES

— Hé l'arpenteux ! prends tes outils, et pis arrive !
L'vieux est défunt : je r'venons d'sa mess' de huitive.
Tréne ta chéne et toun équerr' de coins en cornes
Et toué, l'carrier, tri' moué-z-au mitan d'la carriére
Et m'équarris quat' blocs de ta pierr' la moins g'live...
V'la c'qui me r'vient ! Qu'on n'y touch' pus ! Posez les bornes !

Là-d'ssus, l'héritier rent'e en plein dans son avouèr.
I' r'nif'e au-d'ssus d'eun' mott' la qualité d'sa terre,
Il égueurne eun épi pour vouer si l'blé s'ra bieau
Et va s'coucher, benheureux d'se vouer dans sa pieau,
Ben tranquill' pour son blé, ben tranquill' pour sa terre.
I' s'mél'ront pus aux biens et aux récolt's des aut'es,
A présent qu'on les a cagés ent'er quat' bornes.

Eun' foués au creux des draps, i' li prend des idées :
« Avouèr des champs à soun à part, c'est ben, qu'i fait.
Ça n'empèch' point d'ét' deux à coucher dans l'mém' lit ;
Jusque là j'ai counnu qu'les fill's à fuméyiers,
Les fill's qui tomb'nt su' l'foin, les fill's qu'ont des pequits ;
A c'tt' heur', j'veux eun' femme à moué, qu'les aut's y vienn'nt
[pas !... »
Et l'lend'main i' s'habill' bieau et pouss' jusqu'au bourg
Trouver les arpenteux et les carriers d'l'Amour.

— Hé môssieu l'mair', môssieu l'curé !... Bonjour, me v'là !
C'est à caus' que la garce Françouèse est jolie
Et que m'la faut tout d'eun' pièc' sans miett' de partage.
Dressez les act's ! Sounnez les cloch's du mariage !
Qu'on n'y touch' pus ! Posez des bornes, que j'vous dis !

L'époux-propriétère emporte sa mariée,
La r'nif' coumm' la tarr' chaud', la magn' coumme el' bon blé,
L'ouv'er coumme un sillon, l'ensarr' coumme eun' mouésson,
Et s'endort, ben sûr qu'alle aim'ra pus qu'li, à c't'heure :
Eun' femm' marié' porte eun' borne su' son cœur.
Ah ! vouiche !... Un moués ?... Eun an ?... N'importe, c'est pas
[long !

I' pourrait la r'trouver, la born', dans un tas d'paille
Oùsque sa femme a pris coutum' de v'ni sans li.
Et les coucous prenn'nt de la malic' dans l'Avri'.

Bref, un péquit s'amène et (c'est ben drôl', le monde !)
C't ancien courreux, qu'emplissait les fill's à la ronde
Sans jamés voulouére r'counnaît'e un brin d'sa s'maille,
V'là qu'i' r'counnaît à c't heure un drôl' qu'il a pas fait !

— Hé l'gas ! T'es mon gas, t'entends ben ?... C'est moué ton [père !
T'es à moué, comprends ben, coumm' ma femme et ma terre,
Et t'auras mes idé's su' les femm's et la terre...
Point d'aut's ! Baiss' ta têt' qui vire au vent. Qu'a' boug' pus !
C'est mon Autorité, la born', que j'pos' dessus !

Et l'pèr'-propriétèr' dort su' ses deux oreilles...
Mais, nom de Dieu ! v'là qu'un matin, v'la qu'i' s'réveille.
V'la qui tomb' le nez sur la borne du chaumier,
V'là que l'gâs li fait chouèr la sienn' su' l'bout des pieds
Et part avec d'aut's idé's, des idé's à li,
Su' les femm's et la terr', su' l'Amour et la Vie !

8

Ah ! queu coup qu'c'est pour li, pauv'e propriétère !
C'tte gaup' qui l'fait cocu ! C'tt enflé qu'a mal tourné !...
Queu coup ! Sa femm' déborné, son gas déborné !...
D'ell'-même, eune larme s'en hasarde au long d'son nez.
Mais quoué ! tout est pas pardu : la récolte pousse
Ent' les quat' born's qui rest'nt planté's au creux d'sa terre,
Et soun œil roug' s'adoucit d'vant la mouésson douce.

...I' s'couche et passe un quarquier d'nuit assez tranquille ;
Mais l'cauch'mar l'empougne à la fin d'son premier soumme :
I'vouét la terr' qui s'enlèv' par-dessus les bornes
Coumme aux pays chauds, quand la mer engouff' les îles,
Et l'blé qui mont', qui mont', qui monte à grands flots roux,
Mêlant la part de l'un à la part de tertous !
Ah ! ce rév' !... Ce mèm' rév' qui barce les sans-l'sou !
Ce rév', qu'était qu'un rév', coumm' les rév's qu'on peut faire..
Ce rév' a fait querver l'pauv'er propriétère.

La Chanson de l'Héritier

LA CHANSON DE L'HÉRITIER

J'avais, à l'aut' bout du village,
Un vieux cousin à héritage
Qu'était riche... on sait pas comben !
Mais, l'malheur ! i' s'portait 'cor ben
Et, malgré sa grande vieuture,
I' n'tenait point à sauter l'pas.
Moué, j'me disais : « Querv'ra donc pas ?
Bon Gueu ! qu'les vieux ont la vi' dure ! »

A la fin des fins, las d'attendre,
Un bieau soèr qu'i' g'lait à piarr' fendre
Et qu'i, f'sait partout noèr coumm' poué,
Sans ren dir', j'caval' de d'cheu moué ;
J'entre en coup d'vent dans sa masure,
J'tomb' dessus, j'y sarre el' collet ;

Mais l'bougre, i', v'lait pas, i' r'naclait...
Bon Gueu ! qu'les vieux ont la vi'dure !

A pésent qu'j'ai soun héritage,
On m'respect' partout dans l'village.
On est prév'nant, on est poli...
Mais, chaqu' fois que j'couch' dans son lit,
Pendant tout le temps qu'la nuit dure,
I' vient rôder tout près d'mon ch'vet
Pour m'en faire autant qu'j'y en ai fait...
Bon Gueu ! qu'les morts ont la vi'dure !

Le Champ de Naviots

LE CHAMP DE NAVIOTS

L'matin, quand qu'j'ai cassé la croûte,
J'pouill' ma blous', j'prends moun hottezieau
Et mon bezouet, et pis, en route !
J'm'en vas, coumme un pauv' sautezieau,
En traînant ma vieill' patt' qui r'chigne
A forc' d'aller par monts, par vieaux.
J'm'en vas piocher mon quarquier d'vigne
Qu'est à couté du champ d'naviots !

Et là-bas, tandis que j'm'esquinte
A racler l'harbe autour des « sas »,
Que j'su', que j'souff', que j'geins, que j'quinte
Pour gangner l'bout d'pain que j'n'ai pas,
J'vois passer souvent dans la s'maine
Des tas d'gens qui braill'nt coumm' des vieaux ;

C'est un pauv' bougr' que l'on emmène
Pour l'entarrer dans l'champ d'naviots.

J'en ai-t-y vu, d'pis l'temps que j'pioche !
J'en ai-t-y vu, d'ces entarr'ments !
J'ai vu passer c'ti du p'tit mioche
Et c'ti du vieux d'quater' vingts ans ;
J'ai vu passer c'ti d'la pauv' fille
Et c'ti des *poqu's* aux bourgeoisieaux,
Et c'ti des ceux d'tout' ma famille
Qui dorm'nt à c'tt' heur' dans l'champ d'naviots !

Et, tertous, l'pèsan coumme el' riche,
El' rich' tout coumme el' pauv' pésan,
On les a mis à plat sous l'friche ;
C'est pus qu'du feumier à pesent,
Du bon feumier qu'engraiss' ma tarre
Et rend meilleurs les vins nouvieaux :
V'là c'que c'est qu'd'êt' propriétare
D'eun' vigne en cont' el' champ d'naviots !

Après tout, faut pas tant que j'blague,
Ça m'arriv'ra itou, tout ça :

La vi', c'est eun abr' qu'on élague...
Et j's'rai la branch' qu'la Mort coup'ra.
J'pass'rai un bieau souèr calme et digne,
Tandis qu'chant'ront les p'tits moignaux...
Et, quand qu'on m'trouv'ra dans ma vigne,
On m'emport'ra dans l'champ d'naviots !

Complainte de l'Estropié

COMPLAINTE DE L'ESTROPIÉ

Au vieux moulin bieauceron
Qui tourne quand la bis' vente,
Qui tourne en faisant ronron
Coumme un chat qui s'chauffe el' vent'e,

Refrain

Y' avait eun' fois un pauv' gâs
Qu'avait pour viv' que ses bras.

I' trimait à s'échigner,
En s'maine et même el' dimanche,
Pour qu'les mangeux d'pain gangné
N' n'ayint toujou's su' la planche.

Mais, un jour que son moulin
Grugeait du blé pour la gueule

Des bourgeoisieaux du pat'lin,
S'fit prend'e el' bras sous la meule...

Et, d'pis qu'i peut pus masser,
I' s'trouv' sans l'sou et sans croûte ;
Mais ceuss' qu'il a engraissés,
Tous les bourgeoisieaux, s'en foutent...

Car l'vieux moulin bieauceron
Tourn' toujou's quand la bis' vente,
Tourn' toujou's 'en f'sant ronron
Coumme un chat qui s'chauffe el' vent'e.

Et gn'a core eun aut' meugnier
Qui trim' la s'maine et l'dimanche
Pour qu'les mangeux d'pain gangné
N' n'ayin toujou's su' la planche !...

Sapré vin nouvieau !...

SAPRÉ VIN NOUVIEAU !...

Malgré la souéxantain' qu'est là,
Poure c'qu'est d'la pogn' j'en crains point !
J'fais l'cric sous eun' vouéture ed' foin
Et j'porte un sac ed' blé coumm' ça.
Non, c'est pas les lutteux d'la fouère
Qui m'f'rint toucher l'épaule à bas !
Allons, buvons un coup, les gâs !
C'est du p'quit vin, mais i' s'laisse bouère,

Refrain

Ah ! mon sapré p'quit vin nouvieau
Qu'est 'core au bercieau !
C'est don' qu't'es déjà pus fort que ton père ?
Ah ! mon sapré p'quit vin nouvieau
Qu'est 'core au bercieau,
Et que j'sens qui va, qui va m'fout' par terre !

Moué, j'sés tétu coumme un mulet,
C'que j'ai-z-en tét' j'l'ai pas aux pieds :
Y a Jean-Pierr' qui veut s'marier
Avec ma fille à qui qu'ça plaît.
« Non, mon vieux, tant pis si tu l'aimes !
Moué ça m'va pas : tu l'auras pas !
Et pis, buvons un coup, mon gâs !
Tu la veux ? j'te la donn' tout d'même ! »

Si queuqu'un m'fait des mauvais'tés
J'garde un chien d'ma chienne à c'ti-là !
Avec mon vouésin Nicolas
J'ai pardu quand qu'on a plaidé ;
D'pis, i'vourait qu'on s'rapatrie.
« Non, que j'dis, non ! j'te r'caus'rai pas !
Eh ! dis don', vouésin Nicolas ?
Viens trinquer, c'est moué que j't'en prie ! »

Quand on compte, un sou c'est un sou !
J'compte, et j'aim' pas donner c'que j'ai !
C'est un traîneux qui veut loger
Et qui dit qu'il a souéf comm' tout !

« T'as souéf ? va bouére à la rivière,
Et dans un fossé tu couch'ras
Non, reste icite et boués, mon gâs !
Mais, boués don', que j'rempliss' ton verre ! »

Dernier refrain

Ah ! mon sapré p'tit vin nouvieau
Qu'est 'core au bercieau !
C'est don' qu't'es déjà pus fort que ton père ?
Ah ! mon sapré p'tit vin nouvieau
Qu'est 'core au bercieau,
Et qui fout en moué l'intérêt par terre !

L'Enfermée

L'ENFERMÉE

J'vis cheu mes enfants, pas'qu'on m'trouv' berlaude :
I's m'coup'nt du pain blanc, rapport à mes dents ;
I's m'donn'nt de la soup' ben grasse et ben chaude,
Et du vin, avec deux bouts d'sucr' dedans.
I's font du ben-aise autour de moun âge ;
Mais, ça, c'est l'méd'cin qu'en est caus', ben sûr !
I's m'enferm'nt dans l'clos comme eun' pie en cage,
Et j'peux pas aller pus loin qu'les quat' murs.

La porte !
I's veul'nt pas me l'ouvri', la porte !
Quoué que j'leu-z-ai fait, qu'i's veul'nt pas que j'sorte ?
Mais ouvrez-la moué don', la porte !...

Hé ! les bieaux faucheux qui part'nt en besogne !
Non ! j'sés pas berlaud' : j'ai tous mes esprits !

J'sés mêm' 'cor solide, et j'ai forte pogne ;
S'i' vous faut queuqu'un pour gerber, v'nez m'qu'ri.
J'voudrais ben aller aux champs coumm' tout l'monde ;
J'ai hont' de rester coumm' ça sans œuvrer,
A c'tte heur' qu'i' fait doux et qu'la terre est blonde.
Si vous m'défermez, c'est vous qu'hérit'rez !

La porte !
I's veul'nt pas me l'ouvri', la porte !
Quoué que j'leu-z-ai fait, qu'i' veul'nt pas que j'sorte ?
Mais ouvrez-la moué don', la porte !

Hé ! mon bieau Jean-Pierr', qu'es déjà qui fauche,
I's dis'nt que j'sés vieill', mais tu sais ben qu'non :
A preuv' c'est que j'sés 'cor si tell'ment gauche
Que j'fais l'coqu'licot en disant ton nom.
Va, j'nous marierons tout d'même et quand même,
Malgré qu't'ay's pas d'quoué pour la dot que j'ai !
Viens-t-en m'défermer, si c'est vrai qu'tu m'aimes,
Et courons ach'ter l'bouquet d'oranger !

La porte !
I' veut pas me l'ouvri', la porte !

Quoué que j'y ai don' fait, qu'i' veut pas que j'sorte ?
Mais ouvre-la moué don', la porte !

Mais, l'galant qu'j'appell', c'est défunt mon homme.
Mais les bieaux faucheux pass'nt pas, de c'temps-là :
(Mais ça s'rait don' vrai que j'sés berlaud' comme
I's racont'nt tertous ?) I' fait du verglas.
Pourtant, y a queuqu'un qui passe à la porte ?
C'est môssieu l'curé, les chant's et l'bedieau
Qui vienn'nt défermer su' terr' les vieill's mortes
Pour les renfermer dans l'champ aux naviots.

La porte !
On me l'ouvrira ben, la porte :
L'jour de l'enterr'ment faudra ben que j'sorte !
Vous l'ouvrirez, que j'dis, la porte !

Le Gâs qu'a perdu l'esprit

LE GAS QU'A PERDU L'ESPRIT

Par chez nous, dans la vieille lande
Ousque ça sent bon la lavande,
Il est un gâs qui va, qui vient,
En rôdant partout comme un chien;
Et, tout en allant, il dégoise
Des sottises aux gens qu'il croise

Refrain

Honnêtes gens, pardonnez-lui
Car il ne sait pas ce qu'il dit :
C'est un gâs qu'a perdu l'esprit !...

— Ohé là-bas ! bourgeois qui passe,
Arrive ici que je t'embrasse ;
T'es mon frère, que je te dis,
Car, quoique t'as de bieaux habits,

Et, moi, des hardes en guenille,
J'ons tous deux la même famille.

— Ohé là-bas ! le gros vicaire
Qui menez un défunt en terre,
Les morts n'ont plus besoin de vous,
Car ils ont bieau laisser leurs sous
Pour acheter votre ieau bénite,
C'est point ça qui les ressuscite.

— Ohé là-bas ! Monsieu le Maire,
Disez-moué donc pourquoi donc faire
Qu'on arrête les chemineux
Quand vous, qui n'êtes qu'un voleux
Et peut-être ben pis encore,
Le gouvernement vous décore.

— Ohé là-bas ! garde champêtre,
Vous feriez ben mieux d'aller paître
Qu'embêter ceux qui font l'amour
Au bas des talus, en plein jour ;
Regardez si les grandes vaches
Et les petits moineaux se cachent.

— Ohé là-bas ! bieau militaire
Qui traînez un sabre au derrière
Brisez-le, jetez-le à l'ieau,
Ou ben donnez-le-moi plutôt
Pour faire un coutre de charrue.
Je mourrons ben sans qu'on nous tue.

Et, si le pauvre est imbécile,
C'est d'avoir trop lu l'Évangile ;
Le fait est que, si Jésus-Christ
Revenait, au jour d'aujord'hui,
Répéter cheu nous, dans la lande
Ousque ça sent bon la lavande,

Dernier refrain

Ce que dans le temps il a dit,
Pas mal de gens dirint de lui :
« C'est un gâs qu'a perdu l'esprit !... »

Le Christ en bois

LE CHRIST EN BOIS

Bon Guieu ! la sal' commune ! A c'souèr,
Parsounne a voulu m'ar'cevouèr
Pou' que j'me gîte et que j'me cache
Dans la paille, à couté d'ses vaches,
Et c'est poure ren qu'j'ai tiré
L'cordon d'sounnette à ton curé
Et qu'j'ai cougné cheu tes déviotes :
Les cell's qui berdouill'nt des pat'nôt'es
Pour aller dans ton Paradis.
S'ment pas un quignon d'pain rassis
A m'fourrer en travars d'la goule.
I's l'gard'nt pour jiter à leu's poules ;
Et c'est pour ça qu'j'attends v'ni d'main
Au bas d'toué, su' l'rabôrd du ch'min,
En haut du talus, sous l'vent d'bise,
Qu'ébranl' les grands bras d'ta crouéx grise.

Abrrrr ! Qu'i' pinc' fort, el' salaud !
Et j'sens mon nez qui fond en ieau
Et tous mes memb'ers qui guerdillent,
Et mon cul g'lé sous mes penilles ;
Mais, tu t'en fous, toué, qu'i' fass' froued :
T'as l'cul, t'as l'cœur, t'as tout en boués !

Hé, l'Christ ! t'entends-t-y mes boyaux
Chanter la chanson des moignieaux
Qui d'mand'nt à picoter queuqu' chose ?
Hé, l'Christ ! t'entends-t-y que j'te cause
Et qu'j'te dis qu'j'ai-z-eun' faim d'voleux
Tell'ment qu'si, par devant nous deux,
I' passait queuq'un su' la route,
Pour un méyion coumm' pour eun' croûte,
I' m'sembl' que j'f'rais un mauvais coup !...
Tout ça, c'est ben, mais c'est point tout !
Après, ça s'rait en Cour d'assises
Que j'te r'trouv'rais ; et, quoué que j'dise,
Les idée's qu'ça dounne et l'effet
Qu'ça produit d'pas avouèr bouffé,
Les jug's, i's vourin ren entend'e,
Car c'est des gâs qui sont pas tend'es

Pour les ceuss' qu'a pas d'position ;
I's n'me rat'rin pas, les cochons !
Et tu s'rais pus cochon qu'mes juges,
Toué qui m'voués vent' creux et sans r'fuge,
Tu f'rais pas eun' démarch' pour moué :
T'as l'vent', t'as l'cœur, t'as tout en boués !

L'aut'e, el' vrai Christ ! el' bon j'teux d'sôrts
Qu'était si bon qu'il en est mort,
M'trouvant guerdillant à c'tte place,
M'aurait dit : « Couch' su' ma paillasse ! »
Et, m'voyant coumm' ça querver d'faim,
I' m'aurait dit : « Coup' toué du pain !
Gn'en a du tout frés dans ma huche.
Pendant que j'vas t'tirer eun' cruche
De vin nouvieau à mon poinson.
T'as drouét coumm' tout l'monde au gueul'ton
Pisque l'souleil fait pour tout l'monde
V'ni du grain d'blé la mouésson blonde
Et la vendange des sâs tortus. »
Si, condamné, i' m'avait vu,
Il aurait dit aux jug's : « Mes fréres,
Qu'il y fout' don' la premièr' pierre

C'ti d'vous qui n'a jamais fauté ! »
Mais, toué qu'les curés ont planté
Et qui trôn' cheu les gens d'justice,
T'es ren !... qu'un mann'quin au sarvice
Des rich's qui t'mett'ent au coin d'leu's biens
Pour fair' peur aux moignieaux du ch'min
Que j'soumm's. Et, pour ça, qu'la bis' grande
T'foute à bas, Christ ed' contrebande,
Christ ed' l'Églis' ! Christ ed' la Loué,
Qu'as tout, d'partout, qu'as tout en boués !

Les Mangeux d'terre

LES MANGEUX D'TERRE

Je r'pass' tous les ans quasiment
  Dans les mêm's parages,
Et tous les ans j'trouv' du chang'ment
  De d'ssus mon passage ;
A tous les coups c'est pas l'mêm' chien
  Qui gueule à mes chausses ;
Et pis, voyons, si je m'souviens,
  Voyons : dans c'coin d'Beauce

Refrain

Y avait dans l'temps un bieau grand ch'min.
— Cheminot, cheminot, chemine ! —
A c't'heur' n'est pas pus grand qu'ma main.
Par où donc que j'chemin'rai d'main ?

En Beauc' vous les connaissez pas ?
Pour que ren n'se parde,
Mang'rint on n'sait quoué, ces gâs-là,
I's mang'rint d'la marde !
Le ch'min c'était, à leu' jugé,
D'la bounn' terr' pardue :
A chaqu' labour i's l'ont mangé
D'un sillon d'charrue...

Z'ont groussi leu's arpents goulus
D'un peu d'glèb' tout' neuve ;
Mais l'pauv' chemin en est d'venu
Minc' comme eun' couleuv'e.
Et moué qu'avais qu'li sous les cieux
Pour poser guibolle !...
L'chemin à tout l'mond', nom de Guieu !
C'est mon bien qu'on m'vole !

Z'ont semé du blé su l'terrain
Qu'i's r'tir'nt à ma route ;
Mais, si j'leu's en d'mande un bout d'pain,
I's m'envoy'nt fair' foute !

Et c'est p't-êt' ben pour ça que j'voués,
A m'sur' que c'blé monte,
Les épis baisser l'nez d'vant moué
Comm' s'i's avaient honte !

O mon bieau p'tit ch'min gris et blanc
Su' l'dos d'qui que j'passe !
J'veux pus qu'on t'serr' coumm' ça les flancs,
Car, moué, j'veux d'l'espace !
Ousqu'est mes allumett's ? A sont
Dans l'fond d'ma pann'tière,
Et j'f'rai ben r'culer vos mouéssons,
Ah ! les mangeux d'terre !

Dernier refrain

Y avait dans l'temps un bieau grand ch'min.
— Cheminot, cheminot, chemine ! —
A c't'heur' n'est pas pus grand qu'ma main.
J'pourrais bien l'élargir, demain !

La Chanson de Printemps...

LA CHANSON DE PRINTEMPS

J'sais pas c'qui m'produit c't effet-là,
Mais j'cré ben qu'c'est l'Printemps que v'là.
Son cochon d'soleil m'émoustille,
Mon cœur bat coumme eun enragé !
Dam', vous savez, à l'âg' que j'ai
J'aurais grand besoin d'me purger :
        J'veux eun' fille !

A chaqu' maison que j'vas frapper
Ça m'rend tout chos' d'entendr' japper
Les chiens en chass' darriér' leu' grille.
Et, quand que j'les vois deux par deux,
Les moignieaux m'ont l'air si heureux
Qu'ça m'dounn' des envi's d'fair' coumme seux :
        J'veux eun' fille !

Pisque les gâs qui foutent rien,
Les chanceux, les ceuss' qu'a l'moyen
D'avoèr eun' femme et d'la famille
Font ben l'amour itou queuqu' fois,
Pourquoué que j's'rais moins qu'les borgeois ?
Moué non pus, bon Guieu ! j'se' pas d'bois.
J'veux eun' fille !

Des fill's ! on peut pas vivr' sans ça ;
On s'en pass' pas pus qu'on s'pass'ra
De l'air, du « boère » et d'la croustille ;
Et, mêm', pour casser un morceau,
J'attendrai ben jusqu'à tantôt.
A c'tte heur, c'est d'la fumell' qu'i' m'faut :
J'veux eun' fille !

Et, quoiqu' j'soy' pas appétissant
Quand qu'on m'voit coumm' ça, en passant,
Dans ma p'lur' qu'est pus qu'eun' guenille,
Et j' m'en fous... à d'main coumme à d'main,
Et gare aux fill's, le long du ch'min !
Faura que j'mang' pisque j'ai faim :
J'veux eun' fille !

L'Aumône de la bonne fille

L'AUMONE DE LA BONNE FILLE

Un jour, un pauv'er trimardeux
Qu'allait l'vent' vid', qu'allait l'vent creux
En traînant son bâton de houx,
Un jour, un pauv'er trimardeux
S'en vint à passer par cheu nous !
Alla balancer le pied d'biche
De Monsieu l'Maire à son château
Et fit demande aux gens du riche
D'un bout d'pain et d'un gob'let d'ieau ;
Mais les domestiqu's, qui se moquent
Des vent's en pein', des gens en loques,
Li dir'nt : « Va t'en chercher ailleurs !
Ici on n'dounn' qu'aux électeurs. »

Alla cougner au presbytère
Dans l'espoir que l'on y dounn'rait

Queuqu's sous de d'ssus l'tronc d'la misère ;
Mais l'curé, qu'était 'cor guill'ret,
Confessait eune pécheresse
Qu'avait moins d'péchés que d'joliesse ;
Et l'pauv' peineux eut bieau gémir :
Parsounn' s'am'na pour li'ouvrir !

Alors, s'assit en cont'e eun' borne,
Tout en r'gardant les p'tits moignieaux
Picoter su' la grand' rout' morne
Dans l'crottin tout frais chié des ch'vaux.
Quand qu'eun' sarvant', qui m'nait à paître
Le bieau troupet d'vach's à son maître,
Passa tout près d'où qu'était l'gâs
Et li causa tout bas, tout bas.

Dans les foins hauts, les foins qui grisent,
A s'laissa faire ; et l'pauv' glouton
S'mit à boulotter les cerises
De sa bouche et d'ses deux tétons,
Lampa coumm' du vin chaud l'ivresse
De ses bécots et d'ses caresses ;
Pis, quand qu'i' fut ben saoul, ben las,
I's'endormit ent' ses deux bras.

Le Discours du Traîneux

LE DISCOURS DU TRAINEUX

Môssieu, j'traînais coumme ed' coutume.
J'tomb' dans eun' foule où qu'des légumes
En queue d'morue :
L'préfet, l'mair', l'archiviss du bourg,
Inaugurint en troués discours
Vout'e estatue !

Tertous ont fièr'ment ben parlé :
On vouét qu' c'est des gâs qu'est allé
Dans les écoles !
Moué, môssieu, j'sés guére orateur ;
Mais quoué ! j'soumm's pus qu'nous deux, à c't' heure :
J'prends la parole !

Et, d'abord, j'ai dans les vingt ans ;
Vous, v'ét's morts, mais ça dit pas quand

Qu'v's avez pu naît'e ?
V'ét's du pat'lin : moué, j'sés d'ailleurs ;
J'ai, par conséquent, pas l'hounneur
De vous counnaît'e !

J'peux pas discuter : j'discut' pas
Les victouér's ou les almanachs
D'vout'e existence ;
Et, tout c'que v's avez dit ou fait,
C'est parfait, môssieu, c'est parfait !
J'l'approuv' d'avance !

Vout' figur' n'a ren qui déplaise :
J'en ai crouésé des plus mauvaises
Au coin des routes !
Mais, pour la fér' vouér en plein bronze
Plac' du Martroué, sous les quinconces,
Comben qu'ça coûte ?

Dix mill' francs ! Et putôt pus qu' moins !
Qu'i's gueul'nt partout, les citouéyens
D'vout' vill' native.
Dix mill' francs ! Au prix oùsqu'est l'pain

Ça f'rait comben d'hotté's, comben
D'mich's de quat' liv'es ?

Or, moué, j'ai pas bouffé, môssieu,
Depis un jour, depis huit lieues.
Ça, c'est trop fort !
Mais, si tant haut qu' v' avez pété,
Vous pétez pus à l'heure qu'il est.
Moué, j'pète encore !

Dix mill' francs ! Ça vous fait bell' jambe,
A vous qu'on r'trouv'rait pas un memb'e
Dans la terr' nouére !
Dix mill' francs pour eune estatue !
Dix mill' francs ! Dix mill' francs d'foutus !
C'est ça, la glouére !

Et v'là c'que c'est qu'eun houmme illust'e
Qu'a p't-ét'e été humain et juste
Dans l'temps jadis !
C'est queuque rev'nant en ferraille
Qu'entass' dans son vent' sans entraille
Le pain d'nout' vie !

Et c'est tout, tout c'que ma langu' trouve
Au travers d'la faim qui m'alouve
A tourner d'mieux...
Mais, dans leu's discours à flafla,
Pas un des aut's avait dit ça :
J'vous l'dis, môssieu !...

Le Dimanche

LE DIMANCHE

Queu jour don' qu'c'est aujourd'anhui ?
J'sés seu'ment pas coumment que j'vis
Depis que j'vas clopan-clopi,
        Su' la rout' blanche
Et sous l'souleil qui m'abrutit !
Vouéyons ! c'était hier venterdi
Et ça douet ét'e anhui sam'di ?
        C'est d'main Dimanche !

Au matin, coumm' les cloch's sounn'ront
Pou' la grand'mess', les houmm's pouill'ront
Eun' blous' prop'e, et les femm's mettront
        Eun' cornett' blanche
Pour prier l'Bon guieu des brav's gens,
Qu'est un bon guieu qu'exauc' seul'ment

Les vœux des ceuss's qu'a des argents...
C'est d'main Dimanche !

Les famill's mettront l'pot-au-feu,
Lich'ront la soupe et bouff'ront l'bœuf
Autour d'eun' napp' blanche et dans l'creux
Des assiett's blanches.
Et pis les homm's, après baffrer,
Iront s'saouler au cabaret.
Coumm' tous les aut's jours j'me tap'rai...
C'est d'main Dimanche !

Garçaill's et gâs iront cueuilli
Au long des hai's le mai fleuri
Qu'est si blanc qu'on dirait quasi
De la neig' blanche ;
Et j'vouérai rouler en bas d'moué
Des coupl's en amour et en joué,
Et j'me tap'rai 'core c'tte foués !...
C'est d'main dimanche !

Le souér, les garçaill's et les gâs,
Et les mamans et les papas,

Iront s'coucher ent'er les draps
        Des vieill's couch's blanches
Pour pioncer jusqu'au matin v'nu ;
Moué, pistant le gîte inconnu,
J'irai, eun' band' de chiens au cul...
        C'est d'main Dimanche !

Tous mes dimanch's i' sont coumm' ça
Depis bentout dix ans que j'vas
Su' la grand'route ! Et ça n'chang'ra
        Qu' quand la mort blanche
M' foutra l'coup qui m'délivrera...
Et je n'pourrai dire que c'jour-là,
Comm' tous les heureux d'ici-bas :
        « C'est d'main Dimanche ! »

Après Vendanges

APRÈS VENDANGES

V'là les pèsans qu'ont fait vendanges !
V'là les perssoués qui piss'nt leu's jus ;
On travaille aux portes des granges
A « rassarrer » l'vin dans les fûts.
L' vin ! Ça met des moignieaux qui chantent
Dans les cœurs et dans les çarvieaux ;
Mais, moué qui n'fais qu'de bouèr' de l'ieau,
J'me sens dans les boyeaux du vent'e
Comm' des gernouill's qui font coin-coin...
J'vourais ben m'foute eun' saoulé d'vin !

Tout l'monde est saoul su' mon passage,
Même el' mâ'r qui vient d'marier
Deux bourgeouésieaux d'l'environnage,
Et même itou Môssieu l'Curé
Qu'a vidé trop d'foués son calice :
N'en v'là, des gens qu'ont l'air heureux !

I's s'dounn'nt la main ou l'bras entre eux,
I's s'étay'nt et s'rend'nt el' sarvice
D'ramasser c'ti qu'a culbuté ;
I's s'embrass'nt su' tous les coutés
Au nom de la fraternité,
Et leu's dégueulis s'aplatissent
Coumm' des étouel's le long du chemin.
J'vourais ben m'foute eun' saoulé' d'vin !

Allons, les houmm's ! Allons, mes frères !
Allons, avancez-moué-z-un verre.
J'veux fratarniser avec vous ;
J'veux oublier tout' ma misère
En trinquant et buvant des coups
Avec les grands, avec les grous ;
J'veux aphysquer les idé's rouges,
Les idé's roug's et nouer' qui bougent
Dans ma caboch' de gueux et d'fou :
J'veux vous vouér et vouér tout en rouse
Et crér' qu'si j'ai mal vu les chouses
C'est p't-êt' pasque j'étais pas saoul.
Allons, avancez-moué-z-un verre !
J'veux prend'e eun' cuite à tout casser,

Et, l'souer, coucher dans un foussé
En m'accotant à queuqu' tas d'pierres
Pour cuver mon vin tranquill'ment.

J'me rappell'rais p't-êt' la përière
Que j'disais tous les souers dans l'temps,
Et l'bon Guieu et tout' sa bricole,
Et la morale au maît' d'école :
« Propriété, patrie, honneur,
Et respect au gouvarnement ! »
Et la longér' des boniments
Dont que j'me fous pour le quart d'heure !
J'trouv'rai p't-êt'e itou qu'on a tort
D'voulouer se cabrer cont' son sort,
Que le mond' peut pas êt' sans misère,
Qu'c'est les grous chiens qui mang'nt les p'tits,
Et qu'si j'pâtis tant su' c'tte terre
J'me rattrap'rai dans l'Paradis !

Allons, les houmm's, allons, mes frères !
J'veux ben que j'n'ai pas l'drouet au pain ;
Laissez-moué l'drouet à la chimère,
La chimèr' douc' des saoulé's d'vin !

Les Deux Chemineux

LES DEUX CHEMINEUX

Hé ! l'cabaretier, au tournant du ch'min,
J'somm's deux chemineux qu'ont chacun eun' gueule
Pus chaude et pus sèch' que l'chaum' des éteules.
Hé ! l'cabaretier, au tournant du ch'min,
Toué qu'as des futaill's et un cellier plein,
Va quéri à boire et vers'-nous un coup !
— Les gâs, v'avez-t-y des sous ?

Hé ! le boulanger, su' la plac' du bourg,
J'somm's deux chemineux qu'ont l'vent' qui commence
A leur chantouanner eun' drôle ed romance !
Hé ! le boulanger, su' la plac' du bourg,
Apport'-nous la mich' que tu r'tir's du four,
Et pass' ton coutieau, qu'on s'en coupe un bout !
— Les gâs, v'avez-t-y des sous ?

Hé ! la garce bell', dans l'boug' plein d'soulauds,
J'somm's deux chemineux qui pass'nt leurs nuitées
Sans jamais r'cevoir la moindr' bécotée.
Hé ! la garce bell', dans l'bourg plein d'soulauds,
Ouvre-nous tes bras, et bourr'-nous d'bécots
Jusqu'à c'que tu voi's que j'en soyins saouls !
— Les gâs, v'avez-t-y des sous ?

Hé ! Môssieu l'curé, au templ' du bon Dieu,
J'somm's deux chemineux qui cassons nout' pipe,
Mais qu'ont ben vécu dans les bons principes !
Hé ! Môssieu l'curé, au templ' du bon Dieu
Vous nous direz-t-y eun' prière ou deux
Avant qu'on nous jitt' tertous dans l'mêm' trou ?
— Les gâs, v'avez-t-y des sous ?

L'Enseigne

L'ENSEIGNE

Su' la rout' d'Orléans à Bloués
C'est un rouleux qu'est pris d'froued,
Et v'là qu'i' s'laiss' prend', par la nuit,
A c'tte heure, en avant d'Beaugency !
L'aubargiste a mal à ses nerfs,
Qu'il en fout tout à l'envers !

Refrain

Ah ? queu cochon d'vent !
Su' la rout' i' vous coupe en deux !
Au bourg, i' farraill' l'enseign' du « Ch'val Blanc » !
Ah ! queu cochon d'vent !
Pauv'er rouleux ! Pauv'er logeux !

« Môssieu, s'ou plaît !... ça vient du nord
A pas fout'e un chien dehors.

Lôgez-moué sous la r'mise aux ch'vaux ?
— Non ! L'aut' jour, j'ai r'çu deux ch'minots :
(Les gâs coumm' vous, ça n'a pas d'soin)
I's ont mis l'feu dans mon foin ! »

Là-dessus, l'bon logeux s'fourre au lit.
Mais queu nuit ! Coumment dormi ?
C'tte garc' d'enseign' qui gueul' tout l'temps !
Quant au rouleux, s'couch' en plein vent...
Les grains d'sable d'la Mort sont lourds,
Et v'là qu'i' dort coumme un sourd.

Dernier refrain

Ah ! queu cochon d'vent !
Su' la route i' vous coupe en deux !...
Au bourg, i' farraill' l'enseign' du « Ch'val Blanc » !
Ah ! queu cochon d'vent !...
Chanceux d'rouleux... pauv'er logeux !...

A l'Auberge de la route

A L'AUBERGE DE LA ROUTE

C'est à l'aubarge de la route
Autour
De douze litres de vin blanc ;
Les rouliers causent, en buvant,
D'l'amour !

« L'amour ! les fill's ! i' faut s'en fout'e,
Mes gâs ! »
Qu'a dit l'grand Claud' son verr' levé.
« Eun' de pardu', deux de r'trouvé's !
Et v'là !...

« Moué ! l'Amour me tourner la boule ?...
Ah ben !

J'aim' mieux bouer' jusqu'à pard'e l'nord !
Hé ! l'aubargiste, apporte encor
Du vin ! »

Et les v'là qui r'lich'nt et qui s'saoulent
Tertous,
En gueulant coumm' des dératés,
Lâchant des fois des vérités
D'homm's saouls !

Au mitan des rouliers qui roulent,
Tout d'go,
V'là l'grand Claud' qui s'met à pleurer...
Tout en pleurant, a soupiré :
« Margot !... »

L'École

L'ÉCOLE

Les p'tiots matineux sont 'jà par les ch'mins
Et, dans leu' malett' de grousse touél' blue
Qui danse et berlance en leu' tapant l'cul,
I's portent des liv's à coûté d'leu' pain.

L'matin est joli coumm' trent'-six sourires,
Le souleil est doux coumm' les yeux des bêtes.
La vie ouvre aux p'tiots son grand liv' sans lett'es
Oùsqu'on peut apprend' sans la pein' de lire :
Ah ! les pauv's ch'tiots liv's que ceuss' des malettes !

La mouésson est mûre et les blés sont blonds ;
I's pench'nt vars la terr' coumm' les tâcherons
Qui les ont fait v'ni' et les abattront :
Ça sent la galette au fournil des riches
Et, su' la rout', pass'nt des tireux d'pieds d'biche.

Les chiens d'deux troupets qui vont aux pâtis,
Les moutons itou, et les mé's barbis,
Fray'nt et s'ent'erlich'nt au long des brémailles
Malgré qu'les bargers se soyint bouquis
Un souèr d'assemblé' pour eune garçaille.
Dans les ha's d'aubier qu'en sont ros's et blanches,
Les moignieaux s'accoupl'nt, à tout bout de branches,
Sans s'douter qu'les houmm's se mari'nt d'vant l'Maire,
Et i's s'égosill'nt à querrier aux drôles
L'Amour que l'on r'jitt' des liv's de l'école
Quasi coumm' eun' chous' qui s'rait pas à faire.
A l'oré' du boués i' s'trouve eun' grand crouéx,
Mais les peupéiers sont pus grands dans l'boués.
L'fosséyeux encave un mort sous eun' pierre,
On baptise au bourg : les cloches sont claires
Et les vign's pouss' vart's sur l'ancien cim'tière !

Ah ! les pauv's ch'tiots liv's que ceuss' des malettes !
Sont s'ment pas foutus d'vous entrer en tête,
Et, dans c'ti qu'est là, y a d'quoué s'empli l'cœur !
A s'en empli l'cœur, on d'vienrait des hoummes,
Ou méchants ou bons — n'importe ben coumme ! —
Mais vrais coumm' la terre en friche ou en fleurs,

L'souleil qui fait viv'e ou la foud' qui tue.
Et francs, aussi francs que la franch' Nature,
Les p'tiots ont marché d'leu's p'tit's patt's, si ben
Qu'au-d'ssus des lopins de seigle et d'luzarne,
Gris' coumm' eun' prison, haut' coumme eun' casarne,
L'École est d'vant eux qui leu' bouch' le ch'min.

L'mét' d'écol' les fait mett'e en rangs d'ougnons
Et vire à leu' têt' coumm' un général :
« En r'tenu', là-bas ! c'ti qui pivott' mal ! »
Ça, c'est pou' l'cougner au méquier d'troufion.

On rent'e dans la classe oùsqu'y a pus d'bon Guieu :
On l'a remplacé par la République !
De d'ssus soun estrad' le mét' leu-z-explique
C'qu'on y a expliqué quand il 'tait coumme eux.
I' leu' conte en bieau les tu'ri's d' l'Histouère,
Et les p'tiots n'entend'nt que glouère et victouère :
I' dit que, l'travail, c'est la libarté,
Que l'Peuple est souv'rain pisqu'i' peut voter,
Qu'les loués qu'instrument'nt nous bons députés
Sont respectab's et doiv'nt êt' respectées,
Qu'faut payer l'impôt. « Môssieu, j'ai envie ! »
— Non !... pasque ça vous arriv' trop souvent ! »

I' veut démontrer par là aux enfants
Qu'y a des règu's pour tout, mêm' pou' la vessie
Et qu'i' faut les suiv' déjà, dret l'école.

I' pétrit à mêm' les p'tits çarvell's molles,
I' rabat les fronts tétus d'eun' calotte,
I' varse soun' encr' su' les fraîch's menottes,
Et, menteux, fouéreux, au sortu' d'ses bancs,
Les p'tiots sont pus bons qu'à c'qu'i' les attend :

Ça f'ra des conscrits des jours de r'vision,
Traînant leu' drapieau par tous les bordels,
Des soldats à fout'e aux goul's des canons
Pour si peu qu'les grous ayint d'la querelle,
Des bûcheux en grippe aux dents des machines,
Des bons citoyens à jugeotte d'ouée :
Pousseux d'bull'tins d'vote et cracheux d'impôts,
Des cocus devant l'Église et la Loué
Qui bav'ront aux lèv's des pauv's gourgandines,
Des hounnêtes gens, des gens coumme i' faut
Qui querv'ront, sarrant l'magot d'un bas d'laine,
Sans vouèr les étouel's qui fleuriss'nt au ciel
Et l'Avri' en fleurs aux quat' coins d'la plaine !

Li ! l'vieux mét' d'école, au fin bout d'ses jours,
Aura les ch'veux blancs d'un déclin d'âg' pur ;
I' s'ra ensarré d'l'estime d'tout l'bourg
Et touch'ra les rent's du Gouvarnement.

Le vieux maît' d'écol' ne sera pourtant
Qu'un grand malfaiseux devant la Nature !

Les Conscrits

LES CONSCRITS

V'là les conscrits d'cheu nous qui passent !
Ran plan plan ! l'tambour marche d'vant ;
Au mitan, l'drapieau fouette au vent...
Les v'là, ceuss' qui r'prendront l'Alsace !

I's vienn'nt d'am'ner leu' numério
Et i's s'sont dépêchés d'le mett'e :
Les gâs d'charru' su' leu' cassiette,
Les gâs d'patrons su' leu' chapieau.

Tertous sont fiârs d'leu' matricule,
Coumme eun' jeun' marié' d'son vouél' blanc ;
Et c'est pour ça qu'i's vont gueulant
Et qu'on les trouv' pas ridicules.

I's ont raison d'prend' du bon temps !
Leu' gaîté touche el'cœur des filles ;
Et, d'vouèr leu's livré's qui pendillent,
Les p'tiots vourint avouèr vingt ans.

Les vieux vourint êt'e à leu' place ;
Et, d'vant leu's blagu's de saligauds,
Des boulhoumm's tout blancs dis'nt : « I faut
Ben, mon Guieu ! qu'la jeuness' se passe. »

Et don', coumm' ça, bras-d'ssus, bras-d'ssous,
I's vont gueulant des cochonn'ries.
Pus c'est cochon et pus i's rient,
Et, pus i's vont, pus i's sont saouls.

Gn'en a mém' d'aucuns qui dégueulent ;
Mais les ceuss' qui march'nt core au pas,
Pour s'apprend'e à fair' des soldats,
I's s'amus'nt à s'fout' su' la gueule.

Pourquoué, soldats ? I's en sav'nt ren.
I's s'ront soldats pour la défense

D'la Patri' ! — Quoué qu' c'est ? — C'est la France...
La Patri' !... C'est tuer des Prussiens !

La Patri', quoué ! c'est la Patri' !
Et c'est eun' chous' qui s'discut' pas !
Faut des soldats !... — Et c'est pour ça
Qu'à c'souèr, su' l'lit d'foin des prairies,

Aux pauv's fumell's i's f'ront des p'tits,
— Des p'tits qui s'ront des gâs, peut-être ? —
A seul' fin d'pas vouèr disparaître
La rac' des brut's et des conscrits.

Le Charretier

LE CHARRETIER

Hu, Dia, Huo !
Bon Guieu d'cochon, Bon Guieu d'chameau !

C'est un charr'quier qu'engueul' ses ch'vaux.
Les pauv'ers bêt's s'en vont avec
Eun' charge terrible au darrière,
Et, du garrot à la croupière,
A's ont pus pas un pouél de sec :
I' s'en fout, c'est pas soun affaire !
Esquinté's ou pas esquintées
La côte est là, faut la monter !
Et v'lan ! Et j'te gueule, et j'te fouette :
C'est coumme eun' pleu' d'grêlons d'avri'
Qui leu' tomb' su' l'dous, et s'arrête
Qu'un coup rendu's à l'écurie.

Hu, Dia, Huo !
Bon Guieu d'cochon, Bon Guieu d'chameau !

C'est l'charr'quier qu'est d'venu sargent
En fesant son temps d'régiment :
Les soldats marchent coumm' les ch'vaux ;
Mêm' qu'les ch'vaux pouvint 'cor répond'e
Aux coups de fouet du charr'quier
Par un coup d'tête ou un coup d'pied ;
Mais les soldats, qui sont du monde,
Eux aut's, i's ont pas l'drouet d'répond'e :
Gn'a s'ment pas d'loué Grammont pour eux.
Et l'charr'quier leu' coummande : Eun, deuss...
J'm'en fous !... Rompez !... Huit jours de bouéte !...
Par file à gauch' !... Par file à drouéte !...

Hu, Dia, Huo !
Bon Guieu d'cochon, Bon Guieu d'chameau !

C'est l'charr'quier qu'est d'venu farmier,
Après s'avouèr ben marié ;
C'est un grous électeur de France
Qui fait manger des ouverriers

Et, pour la pein', mèn' leu's consciences
Coumm' des ch'vaux et coumm' des soldats :
Allez à la mess' !... Y allez pas !...
Lisez ci !... Votez pour c'ti-là !...

Hu, Dia, Huo !
Bon Guieu d'cochon, Bon Guieu d'chameau !

C'est l'charr'quier qui voit v'ni' la mort
Et qui voudrait ben vivre encor...
Viv', c'est rouler, rouler toujou's
En dévalant eun' route en pente
Qui conduit su' l'rabord d'un trou.
Un coup qu'on est à la descente,
Gn'a pus moyen d'caler la roue.
Et l'charr'quier, qui m'nait gens et bêtes,
Peut pus s'mener. Son cœur s'arrête,
Ses yeux s'brouill'nt, sa raison fout l'camp :
Et, dans la fièv'er du délire,
En s'raidissant, i' cess' pas d'dire
C'qu'i' gueulait à ses ch'vaux, dans l'temps :

Hu, Dia, Huo !
Bon Guieu d'cochon, Bon Guieu d'chameau !

Un bon métier

UN BON MÉTIER

Pas ça, vieux gâs ! V'là qu'tu prends d'l'âge,
Faudrait vouèr à vouèr à t'caser,
Tant qu'à faire, aut' part qu'au village,
Pasqu'au villag' faut trop masser
Pour gangner sa bouguer' de vie,
Dis donc, ça n'te fait point envie ?
Si j'étais qu'de toué, j'me mettrais
Curé !

Tu f'rais tes class's au séminaire
Où qu'nout' chât'lain, qu'est ben dévot,
T'entertiendrait à ne rien n'faire,
Et tu briff'rais d'la tête d'vieau,
Du poulet roûti tout' la s'maine,

En songeant qu'd'aucuns mang'nt à peine...
Si j'étais qu'de toué, j'me mettrais
Curé !

Et pis, quand t'aurais la tonsure,
Tu râbed'rais vouèr au pat'lin
Où qu'l'existenc' nous est si dure,
Où qu'all' t's'rait agréable à plein...
Tu fourr'rais du foin dans tes bottes,
Avec les sous des vieill's bigotes...
Si j'étais que d'toué, j'me mettrais
Curé !

Tu prêch'rais l'abstinence en chaire,
Et tu f'rais maigr' les venterdis,
Tout's les fois qu'la viand' s'rait trop chère ;
Tu confess'rais l'mond' du pays :
Et, dans l'tas des fill's brun's ou blondes,
Gn'en a pas mal qui sont girondes.
Si j'étais que d'toué, j'me mettrais
Curé !

Tu s'rais queuqu'un dans la commune,
Monsieu l'Mair' s'rait ben avec toué,

Et j'profit'rais d'cett' bonn' fortune
Pour am'ner un ch'min d'vant cheu moué...
Dam', fais c'que tu veux, j'forc' parsounne !
Mais v'là l'bon conseil que j'te dounne :
Si j'étais que d'toué, j'me mettrais
Curé !

Mossieu Imbu

MOSSIEU IMBU

Môssieu Imbu est môrt, est môrt et entarré !
Môssieu Imbu ! Un gâs qui v'nait d'èt' décoré
Pour pas avouèr mis d'cess' depis qu'il 'tait au monde
A bagosser : «Imbu !... Imbu !... » et qu'était pus
Counnu qu'sous c'sobriquet à dix yieu's à la ronde.
Môssieu Imbu est môrt, est môrt et entarré !
I' dira pus : « Imbu !... Imbu ! », Môssieu Imbu !

Il avait tro's, quat' cépé's d'vigne en haut d'la côte
Et queuqu's minieaux d'blé dans la plain' de pus qu'les aut'es,
Pas des mass's, pas des tas ! pas ben larg', pas ben long !
Mais assez pour pouvouèr avouèr eune opignon.
I' passait su' la place en lisant son journal.
Il 'tait républicain, rouge, anticlérical !
Et c'est pour ça qu'il 'tait, dépis troués élections,
L'Maire ! El' maire ed' cheu nous ! Môssieu l'Mair' ! nom de [Guieu !

« Les curés ! » qu'i' disait, — et i' d'venait furieux, —
« Des ouésieaux qu' la République engréss' dans son sein,
Et des cochons qui sont s'ment pas républicains !
Et pis, qu'i's prenn'nt pas d'gants pour chatouiller les fesses
Aux femm's et aux garçaill's dans leu bouéte à confesse...
Moué, j'veux pas qu'la bourgeoués' foute el' pied à la messe ! »

C'est vrai ! Mame Imbu foutait pas l'pied à la messe !
Tout d'même, il 'tait cocu, cocu coumme à confesse :
I' gangnait trop souvent l'notaire à la manille,
Le p'tiot notair' qu'avait des si fin's moustach's breunes !
Mais, assorbé dans la gérance ed' la coummeune,
Môssieu Imbu portait ses cornes sans les vouèr
Et i' r'dev'nait gâitieau à dévider c't t'histouère,
C'tte bounne histouèr' de franc-maçon en mal d'esprit,
C'tte vieille histouèr' du charpenquier tourneux d'chevilles :
Le cornard du pigeon et d'la Vierge Marie.
« Ah! la r'ligion !... qué's couillonnad's et qué's môm'ries ! »
Et l'dégoût l'empougnait si fort qu'à des moments,
S'il avait pas été c' qu'il'tait : eun houmme' conv'nab'e,
I'vous aurait craché su' un Saint-Saquerment !

Mais, quand qu'c'est qui vouéyait passer un régiment,
Eun' vent-vol trifouillait soun âm' de contribuab'e

En révolt' cont' les couillounnad's et les mômries ;
D'vant l'drapieau, c'tt' aut' Saint-Saquerment : c'ti d'la Patrie,
I' faisait un salut à s'en démancher l'bras
Et qu'était, ma grand foué ! joliment militaire
D'la part d'un gâs qu'avait jamais été soldat.
Il avait ses idé's su' les vu's d' l'Angleterre
Et il 'tait poummouniqu' d'avouèr gueulé la R'vanche,
L'hounneur de nout' armée et la glouér de la France !

C'est avec ça qu'il bouchait l' vid' de ses discours
Que l'maît d'écol' passait en r'vu' pou' les grands jours
De Fête-Dieu laïqu', de Paradis scolaire:
Quatorz' Juillet d'lampions roug's et d'pompiers brinzingues,
Distribution d'prix aux mardeux à qui qu'on s'ringue
Du républicanisse à les en fér' querver.

Il 'tait memb' d'eune flopé' d'sociétés d'brav's gens,
Et des foués président — d'quoué qu'il 'tait honoré — :
Société d'secours mutuels et d'gymnastique,
Société d'tir et société d'musique,
Société d'tempérance et tout, en mêm' temps,
Société des francs-buveurs : les « Amis d'la vigne » !
Il 'tait pardu dans les rubans et les insignes :
Les mains qui s'quienn'nt, les p'tit's lyr's, les grapp's ed' raisin

Et aut's verrotaill'ri's d'petzouill's civilisés
Qui bê'nt coumm' gueul' de four d'vant cell's-là des sauvages.

Il avait fait planter su' la plac' du village
Eune estatu', pasque la coummeune d'à couté
N' n'avait eun', et qu' j'étions ben autant qu'nous vouésins :
C'est l' poltrait d'un gâs qu'mém' les vieux ont pas counnu,
Qu'est p'tét' qu'eun' blagu' ! Mais,là, j'avons nout' estatue
Et les deux chians au boucher ont eun' pissoquière !...
D'aucuns ont dit qu'il 'tait pus urgent d'fére un ch'min,
Mais allez don' contenter tout l' monde et son père !

L' jour d' l'inauguration de c'tte sapré' garce
D' estatu', yieau tombait, tombait coumm' vach' qui pisse !
Mossieu Imbu gangna chaud et fréd sous l'avarse
Et est décédé, coumm' les lett's de deuil le disent :
A cinquante ans, muni des saquerments d'l'Église !

J'l'avons r'conduit là-bas, dans l'enclos à tout l'monde,
En r'broussant l'pouél à nous chapieaux en sign' de deuil.
J'lons pleuré avec des discours su' son çarcueil,
J'lons r'gretté, avec des tas de courounn's su' sa tombe,
Et j'lons laissé, porteux d'ses tit's et d'ses médailles,
Couché en terre, à couté des dargnièr's semailles.

Môssieu Imbu est môrt, est môrt et entarré !
Ah ! qué' souleil et qué' bon vent su' les luzarnes,
Et coumm' le vin mouss' frais aux pichets des aubarges,
Et qu'la fille est don' gent' qu'écart' des draps su' l'harbe !
Moué, ça m'dounne envi', d'viv' de r'veni' d'l'entarr'ment !
C'est ça, bon Guieu ! Tant qu'a dur'ra, vivons la vie !
Vivons-la en restant des houmm's tout bounnément
Et sans l'embistrouiller d'étiquett's d'épic'rie
Ou d'sentiments d'bazar en chiffon et far-blanc !
Leu' politique empéch' pas les fleurs d'êt' jolies !

Et, pisqu'Môssieu Imbu est môrt et entarré,
I' bouéra pus ! Dis don', la belle, au coin du pré,
Buvons, nous aut's ! El' vin est bon ! A nout' santé !
Et chiffounnons les draps qu'tu t'en viens d'écarter !

Alcide Piédallu

ALCIDE PIÉDALLU

Alcid' vient d' qu'ri du grand papier, pour vingt centimes,
Cheu l'épicier' qu'en tient esprés à son sarvice.
Il ouv'er soun affér, son... dictiounnaire ed'rimes
Et sauc' sa pleum' dans l'encr' !
J'aurons bentout l'comice
Ou queuqu' fête en l'hounneur des soldats d'souéxant'dix !

Pasqu' Alcid' ne fait guér' que su' les cochons gras
Ou su' les malheureux moblots d' l'Armée d'la Louére.
Les uns qu'on médailla, les aut's qu'on médaill'ra,
Les uns qu'on fit tuer, les aut's que l'on tuera...
Chacun son genre ! Alcid' ne sait chanter qu'la glouère !

Le v'là parti... Les vers et les rimes s'épousent :
« Un, deux, trouès, quat', cinq, six, sept, huit, neuf, dix, onz',
Agriculture et préfectur'.... France et Vaillance !..; » [douze!

Si ses rim's sont pas rich's, rich's, rich's, a' sont d' conv'nance,
Si ses vers n'ont pas d'aile, i's ont ben douze pieds !
Douz' pieds pour mieux sauter par-dessus vous souffrances,
O les tach'rons peineux d'la terre aux grous farmiers,
Et vous dont les carcass's engraiss'nt les blés d' Coulmiers !

Pasqu'Alcide a du *taq'te,* et soun âme en est pleine :
I' sait coumm'ça les chous's qu'i' faut dire et pas dire
Au bieau mitan d' cérémoni's républicaines,
Quand l'Mair'pouill' soun habit et que l'Préfet douét v'ni'.

Bref, il a du mérite. I'songe, il imagine...
Et ses vers, en tombant su' l'papier d'l'épicière,
S'entass'nt coumm' les lauriers d'la couronn' qu'i' va fère
Pour la race héroïque ou la race porcine.

Ren ne l'dérange ! Y a ben un p'tit rossignolet
Qu'a pas besoin *d'affér'* pour tourner son couplet
Et qui chant' su' la f'nèt'e ouverte au ras du ciel :
— « Ta gueul', moignieau!... T'es pas un chanteux officiel ! »

Y'a l'vent qui pouss' la sienn' dans la moisson biauc'ronne,
Et ça n'est pas la v'nu' prochain' du député

Qui l'met en train, pas pus qu'a' ne l'frait s'arrêter.
— « Chant', vent idiot !... » Alcid' se fout d'quoué qu'tu chan-
Pour li la poési', ça n'existe seul'ment [tonnes ;
Qu' su' l'devant des estrad's, qu'au pied des monuments !

Y a ben itou queuqu's bergerets auxchamps, à c'tt' heure,
Qu'ont un flutieau en poche avec eun' garce au cœur :
... « De quoué, fére eun' chanson, c'est ben malin, parguè !
O gué ! j'aime ma mi' !... je l'aime ben, ô gué ! »
— Alcid' n'en bourdit pas d'son travail et d'son calme :
C'est pas des r'frains coumm' ça qui font avouer les palmes !

Alcid' ne bourdit pas d'vant la Chanson d'la Vie...
Voui, mais v'là ses quat' sous d'papier qui sont remplis,
Et dimanche el' Prèfet dira : « Très bien ! bravo ! »...
Ben ! si v'ét's pas contents, vous autr's, quouè don' qu'vous
[faut ?

Les Électeurs

Les Électeurs

LES ÉLECTEURS

Ah ! bon Guieu, qu'des affich's su' les portes des granges !
C'est don' qu'y a 'cor queuqu' baladin an'hui dimanche
Qui dans' su' des cordieaux au bieau mitan d'la place ?
Non, c'est point ça ! C'tantoût on vote à la mairie,
Et les grands mots qui flût'nt su' l'dous du vent qui passe :
Dévouement !... Intérêts !... République !... Patrie !...
C'est l'Peup' souv'rain qui lit les affich's et les r'lit...
(Les vach's, les moutons,
Les oué's, les dindons,
S'en vont aux champs, ni p'us ni moins qu'tous les aut's jours
En fientant d'loin en loin l'long des affich's du bourg.)

Les électeurs s'en vont aux urn's en s'rengorgeant,
« En route !... Allons voter !... Cré bon Guieu ! les bounn's
[gens !...
C'est nous qu'je t'nons à c't'heur' les mâssins d'la charrue,
J'allons la faire aller à dia ou ben à hue !

Pas d'abstentions ! C'est vous idé's qui vous appellent :
Profitez de c'que j'ons l'suffrage univarsel ! »
(Les vach's, les moutons,
Les oué's, les dindons,
Pâtur'nt dans les chaum's d'orge à bell's goulé's tranquill's
Sans s'ment songer qu'i's sont privés d'leu's drouéts civils.)

Y a M'sieu Chouse et y a M'sieu Machin coumm' candidats,
Les électeurs ont pas les mêm's par's de leunettes :
— Moué, j'vot'rai pour c'ti-là !... Ben, moué, j'y vot'rai pas !...
C'est eun' foutu' crapul' !... C'est un gas qu'est hounnête !...
C'est un partageux !... C'est un cocu !... C'est pas vrai !...
On dit qu'i fait él'ver son goss' cheu les curés !...
C'est un blanc !... C'est un roug' !... — qu'i's dis'nt, les électeurs :
Les aveug'els chamaill'nt à propos des couleurs.
(Les vach's, les moutons,
Les oué's, les dindons,
S'fout'nt un peu qu'leu' gardeux ait nom Paul ou nom Pierre,
Qu'i' souét nouér coumme eun' taupe ou rouquin coumm' [carotte.

I's breum'nt, i's bél'nt, i's glouss'nt tout coumm' les gens qui [votent
Mais i's sav'nt pas c'que c'est qu'gueuler : « Viv' Môssieu [l'Maire ! »)

C'est un tel qu'est élu !... Les électeurs vont bouére,
D'aucuns coumme à la noc', d'aut's coumme à l'entarr'ment,
Et l'souèr el' Peup' souv'rain s'en r'tourne en brancillant.
Y a du vent !... Y a du vent qui fait tomber les pouères !
(Les vach's, les moutons,
Les oué's, les dindons,
Prenn'nt saoulé's d'harb's et d'grains tous les jours de la s'maine
Et i's s'mett'nt pas à chouèr pasqu'i's ont la pans' pleine.)

Les élections sont tarminé's, coumm' qui dirait
Que v'là les couvraill's fait's et qu'on attend mouésson.
Faut qu'les électeurs tir'nt écus blancs et jaunets
Pour les porter au parcepteur de leu' canton ;
Les p'tits ruissieaux vont s'pard' dans l'grand fleuv' du Budget
Oùsque les malins pêch'nt, oùsque navigu'nt les grous.
Les électeurs font leu's *courvé's*, cass'nt des cailloux
Su' la route oùsqu' leu's r'présentants pass'nt en carrosses
Avec des ch'vaux qui s'font un plaisi' — les sal's rosses ! —
De s'mer des crott's à m'sur' que l'Peup' souv'rain balaie...
(Les vach's, les moutons,
Les oué's, les dindons,
S'laiss'nt dépouiller d'leu's œufs, de leu' laine et d'leu' lait
Aussi ben qu's'i's-z-avin pris part aux élections.)

Boum !... V'là la guerr' !... V'là les tambours qui cougn'nt la
Portant drapieau, les électeurs avec leu's gâs [charge...
Vont terper les champs d'blé oùsqu'i'is mouéssounn'ront pas.
— Feu ! qu'on leu' dit. — Et i's font feu ! — En avant, [Arche ! —
Et, tant qu'i's peuv'nt aller, i's march'nt, i's march'nt, i's [marchent...
... Les grous canons dégueul'ent c'qu'on leu' pouss' dans l'pan- [sier,
Les ball's tomb'nt coumm' des peurn's quand l'vent s'cou' les [peurgniers,
Les morts s'entass'nt et, sous eux, l'sang coul' coumm' du vin
Quand troués, quat' pougn's solid's, sarr'nt la vis au persoué.
V'là du pâté !... Vlà du pâté de peup' souv'rain !
(Les vach's, les moutons,
Les oué's, les dindons
Pour le compte au farmier se laiss'nt querver la pieau
Tout bounnément, mon Guieu ! sans tambour ni drapieau.)

... Et v'là !... Pourtant les bêt's se laiss'nt pas fér', des foués !
Des coups, l'tauzieau encorne el' saigneux d'l'abattoué,
Mais les pauv's électeurs sont pas des bêt's coumm' d'aut'es.
Quand l'temps est à l'orage et l'vent à la révolte...
I's votent !

Table

TABLE

ACHEVÉ D'IMPRIMER
EN MAI 1928
PAR L'IMPRIMERIE KAPP
POUR EUGÈNE REY, ÉDITEUR, A PARIS

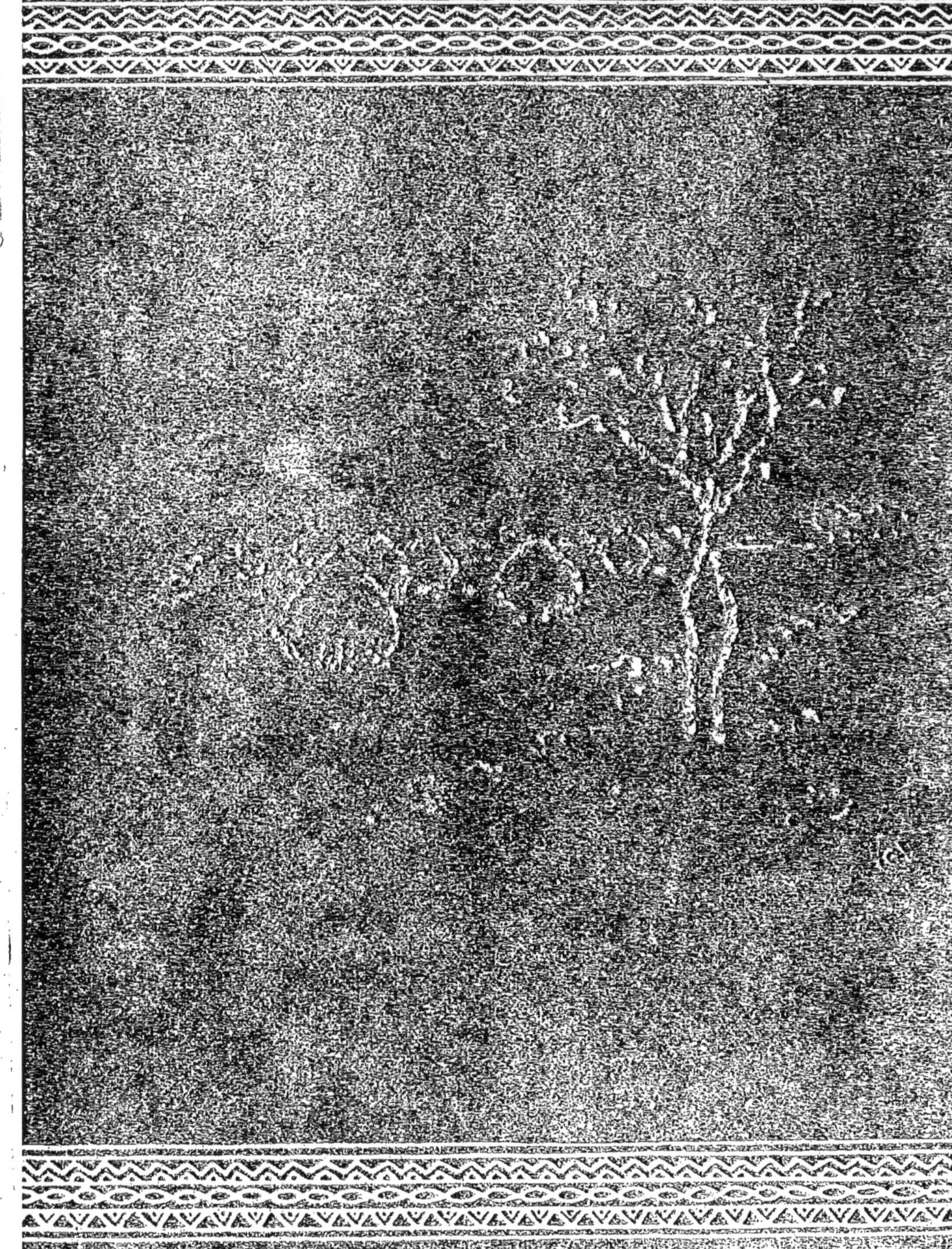

www.ingramcontent.com/pod-product-compliance
Ingram Content Group UK Ltd.
Pitfield, Milton Keynes, MK11 3LW, UK
UKHW022053260726
13993UKWH00001B/96

9 782329 175232